5日で学べて一生使える!

レポート・論文の教科書

小川仁志 Ogawa Hitoshi

★——ちくまプリマー新書

311

本文・帯イラスト　宇田川由美子

目次 ＊ Contents

はじめに

なぜわざわざレポートや論文の書き方を学ぶの？

この本を手にとってくださっているのは、大学生か、あるいはこれから大学生になる高校生が多いのではないかと思います。いや、もしかしたら社会人もいるかもしれませんね。いずれにしても、皆さんのなかには、「なぜわざわざレポートや論文の書き方を学ぶんだろう?」なんて思っている人がいるのではないでしょうか？

たしかに、文字さえ書ければ、レポートも論文も一応は書けるかもしれません。でも、それはあくまで一応なのです。きちんと書くためには、やはり作法を学ぶ必要がありります。スポーツでも同じですよね。ボールを蹴ることができれば、一応サッカーはできます。でも、それは一応であって、きちんとやるにはルールや技術を学ぶ必要があるはずです。

私はとくにいま、そんなレポートや論文の書き方の作法を身につける必要があると感じています。なぜなら、一方で時代が行き詰まり、他方でテクノロジーが急速に進化するなかで、新しい価値創造が求められる時代だからです。私たち一人ひとりの人間には、これまでにも増して思考力、そしてそれを表現する力が求められるようになってきているのです。

昨今の入試改革、大学教育改革もそうしたニーズに応えようとするものだといっていいでしょう。とりわけ大学では、従来からレポートがアウトプットの中心であり、思考の成果を表現するための媒体として重視されてきました。ところが大学でいわゆるアカデミックライティングの指導に費やす時間は限られており、学生たちはガイダンス程度の簡単な指導を受けた後、自分で手探りで実践していかなければならないのが実情です。

その際、市販のテキストを参考にするよりほかないわけですが、いずれも学生たちのニーズにマッチしたものとはいいがたいのが現状です。大学教員の書くレポートや論文のマニュアル本は、研究者である自分たち自身の論文作成を念頭に置いており、とかくハイレベルになりがちだからです。

そこで本書では、日ごろ私が「基礎セミナー」と呼ばれる大学でのアカデミックライティングの指導を通じて得た実際の経験をもとに、また市民向けに多くの哲学入門書を執筆してきたノウハウを生かして、本当にいまの学生たちが使える「背伸びしない」マニュアルを紹介していこうと思います。

どんなマニュアルもそうなのですが、正確に書こうと思

うと、さまざまなケースを紹介する必要がでてきます。それでどんどん複雑になってしまい、気づけば電話帳のような分厚いものができあがってしまうのです。でも、それって本当に使えるのでしょうか？　少なくとも私だったら見るのをあきらめてしまいます。しかしそれでは適当になってしまうので、最低限のルールは押さえられる薄いマニュアルが必要なのです。あえていうと、背伸びしたマニュアルという名の事典ではなく、「本当のマニュアル」が必要だというわけです。

そこで本書では、定期試験のレポートはもちろんのこと、大学入試から卒業論文まで使える実践的なアドバイスをしていくつもりです。書名にある「5日で学べて」というフレーズにも、そんな背伸びしない姿勢が表れていると思います。

ぜひ皆さんが、背伸びすることなく、それでいていまの自分にとってベストなレポートや論文が書けるようにお手伝いしたいと思います。それではさっそく始めましょう！

第1日

大学生のお作法——アカデミックライティングを知ろう！

調べる、読む、書く、発表するの四拍子をそろえる

大学に入ると、まず「アカデミックスキル」と呼ばれるものをマスターします。なんだかかっこいい響きだと思いませんか？　アカデミックとは「学術の」という意味ですから、いわば学問を身につけるための基本技能のようなイメージでとらえてもらえばいいでしょう。具体的には、調べる、読む、書く、発表するの四つを指しています。

いずれも同じように大事な技能です。野球ではよく「走攻守」の三拍子がそろってい る選手を高く評価しますが、大学では「調読書発」の四拍子がそろっていなければならないのです。そうしてはじめて、高く評価されるわけです。あいつはできると。いい成績、大学だと「秀」とかAプラスといった最高の評価がもらえるのです。

くわしくは一日ごとのレッスンで解説していきますが、簡単になぜそれが必要で、どう身につければいいのかお話ししておきたいと思います。ここはガイダンスのような気持ちで気楽に読んでください。私もいつも大学一年生にアカデミックスキルの授業をす

るとき、この話を最初にします。私の勤務する大学では、一年生が入学すると、毎週一回四か月かけて、合計一五回の基礎セミナーという授業を受けさせることになっています。しかも最初の学期の月曜の一コマ目に設定してあります。まさに大学における基礎の修得を象徴する授業です。

基礎セミナーは全員必修で、文字通り五、六人の少人数でゼミ形式にて開設することになっています。そうして先ほどの調読書発の四拍子を手取り足取り、教えていくわけです。実際に、毎週レポートを書かせて、赤ペン先生のごとく添削をします。教える側も学ぶ側も結構大変ですが、それだけアカデミックスキルが重視されている証拠です。

ここで四つのスキルについて概略を紹介しておきましょう。一つ目は調べるということについてです。大学では課題が出ます。それは宿題であったり、試験であったりします。その課題に答えるために、私たちがやらないといけないのは、調べるという行為なのです。もちろん授業で先生の話を聴き、自分の頭で考えるということはやるでしょう。でも、それだけではダメで、さらに自分で情報を得るという行為が求められるわけです。

なぜなら、どんな課題も過去に誰かがチャレンジしているはずですから、そもそもその部分を調べる必要があります。そこをすっ飛ばしてしまうと、効率が悪いだけでなく、嘘(うそ)をつくことにもなりかねません。本当は誰かがすでにいっているのに、あたかも自分のオリジナルであるかのように書いてしまうと、それはもう立派な嘘になりますから。だから調べなければいけないのです。

もう一つ調べる理由としては、さらに情報を得るということが挙げられます。授業では語られなかったことや、よりくわしい情報を調べると、説得力が増します。何より証拠もなしに意見を述べても、信頼性に欠けます。きちんと文献やデータを調べて、自分の主張を裏付けていかなければならないのです。このへんについては第5日目にくわしくお話ししたいと思います。

二つ目は読むということについてです。読むことについては、小学生の頃から、いやもっと前からやっているというかもしれません。でも、読むってどういうことでしょうか？　文字を目で追って、理解すること？　形式的にはそうかもしれませんが、大学生に求められる「読む」とは、たんに文字を目で追って、内容を理解するということではないのです。

あくまで課題を解く、そしてレポートや論文を書くために読むわけですから、それなりの読み方をしなければなりません。つまり、アウトプットを意識した読み方が求められるのです。それは材料をどう使うか考えながら読むということです。具体的には、引用したり参考にしたりする箇所を探すような読み方をしなければなりません。

アウトプットのために読むということは、目的があるわけです。たんに全部を読み通すとか、小説を楽しむように読むというのとは違います。この目的は、どこをどう使うか決めるということです。ですから、自分の主張を裏付けるような記述がないかという視点で読むのです。あたかも獲物を探すかのように。

そう、アウトプットの読書はハンティングと同じです。ジャングルで獲物を探すとしたら、皆さんはどうするでしょうか？　全体をざっと見て、獲物がいそうなところを重点的に探すのではないでしょうか？　そしてひとたび獲物を見つけたら、一気に攻撃する。これは読書も同じなのです。

まんべんなく読んでいてはいけません。それだと時間がいくらあっても足りないからです。目次を活用したり、索引を活用するなどして、キーワードを手掛かりにあたりをつけて、メリハリのきいた読書を心がけてください。これも第5日目にくわしくお話しします。

三つ目は書くことについてです。これは本書の核心部分ですので、あとでじっくりと展開しますが、ごく基本的なことだけお話ししておきたいと思います。それは、アカデミックスキルとしての書く行為は、これまで皆さんが日記や作文を書いてきたものとはまったく異なるということです。

何が違うかというと、好きなように書けないという点です。ショッキングですよね。好きなようにものが書けないなんて。小説家なら怒り心頭でしょう。言い換えると、大学で書くレポートは、小説とは正反対だということです。小説は心のなかに浮かんだものをそのまま書けばいいですよね。仮に取材をして、それをベースに書くとしても、必ずしも取材内容に忠実に基づいている必要はありません。あくまでフィクションですから。

これに対してレポートは、必ず取材に基づいていなければならないということです。すでに述べた「調べる」と「読む」が必ず先行していなければならないということです。そのうえに書くという行為がある。つまり、調べたものをきちんと読んで、それを証拠にして書いていかなければならないということです。その意味で、好きなように書けないといったのです。

これを窮屈に思う人もいるかもしれませんが、レポートとはそういう形式のゲームだと思えば、楽しめます。サッカーは基本的に手を使ってはいけませんが、それが窮屈だから面白くないという人はいないでしょう。それと同じです。あくまでルールなのです。ルールがあるからこそ楽しい。ぜひそう思えるようになってください。

四つ目は発表についてです。発表、つまりプレゼンはいますごく重要になってきているのですが、本書ではここで少し言及するにとどめておきます。発表については、またあらためてプレゼンの本を書きたいと思います。これまでにもそういう本は出しているのですが、大学生のためのプレゼンに特化したものを姉妹篇として書く予定です。

というのも、プレゼンについては本当に一冊になるくらい、いいたいことがたくさんあるのです。じつは私は大学院生向けにプレゼンの授業もしています。そして先ほどの基礎セミナーでも、三分の一くらいはプレゼンの手ほどきをしています。それほどプレゼンが求められる時代なのです。

でも、それはあくまで書くことがきちんとできてからの話です。書いたものをプレゼンするのですから。ここではそうした視点から、一番大事なことだけお伝えしておきます。それは、書いたものをそのまま発表してはいけないということです。またまたショッキングなことをいっているように聞こえたかもしれません。せっかく力を入れて書いたものを、発表してはいけないだなんて！

私がいっているのは、「そのまま」発表してはいけないということです。つまり、発表は効果的でなければならないということです。わかりやすく、かつポイントがしっかりと伝わるものでないとだめなのです。そのためには、複雑であったり、だらだらと何がポイントなのかわからないような発表の仕方をしてはいけません。口頭での発表は、書いたものをそのまま読むものではないのです。

書いたもののポイントだけ抜き出して、わかりやすく伝える。これが大事です。発表の仕方も、パワーポイントなどを使うことが多いでしょうから、ビジュアル重視でいったほうがいいと思います。レポートや論文は文字が主体ですが、発表はビジュアルが主体なのです。それを言葉で補う。その意味で、ある種、別のものをアウトプットすることになるわけです。

書いた内容について発表するのはまちがいないので、四拍子としているものの、アウトプットの仕方はまったく異なります。したがって、これについての詳細は別の機会に譲りたいと思います。ただ、くり返しますが、四拍子の一つ、ほかのものとワンセットであることだけは意識しておいてください。

もちろん、人には得手不得手がありますから、読むのは得意だけど、書くのは苦手とか、ほかはぜんぶいいんだけど、発表だけはできないなどということがあるでしょう。ただ、それではだめなのです。四拍子そろわないと、いい評価はもらえません。

考えてみると、これは社会人としても要求される能力だといえます。どんな仕事も、自分でしっかりと調べて情報を得、資料をきちんと読んで理解し、それを企画書や報告書という形で文章にし、最終的に会議やクライアントの前で発表するということになるはずです。私はたまたま産官学のいずれの仕事も経験しているので、事情はよく知っています。

最初のキャリアは商社マンでした。典型的なビジネスです。次は公務員。お役所の仕事です。そして最後は大学の教員です。教育、研究が主体となります。いずれも職種はまったく異なりますが、不思議なことに基本は同じなのです。それは調べる、読む、書く、発表するという四つの技能です。どの職場で働いているときも、これら四つの技術の重要性を痛いほど感じました。

なぜ大学でこの四拍子を徹底的に身につけておく必要があるのか、もうおわかりいただけただけたのではないでしょうか。ぜひ四拍子そろったスター選手になって、社会に出ても常にドラフト一位で指名される人材になっていただきたいと思います。

大学の試験はレポートが基本――なぜレポートなのか

四拍子のなかでも一番基本となるのが、レポートです。なぜなら、書くために調べるし、書くために読むからです。そして書いたことを発表するからです。したがって、書くことが中心になるのです。大学ではそんな基本となるレポートを、試験に代えて行うことが多いです。いや、レポート試験と呼ぶこともありますから、レポートそのものが試験なわけです。

高校までの試験は、大学受験も含めて、短い答えだけを問われるものが多かったと思います。だから私たちの試験のイメージは、穴埋めや語句を書くといった形式のものになっているのです。例外的に小論文を書かされたことがあるかもしれませんが、それはあくまで例外です。ところが大学では両者が逆転します。原則がレポートで、例外が穴埋めなのです。

では、なぜ大学の試験ではレポートが基本なのか？　それは大学における教育の内容に関係しています。高校までと異なり、たんに知識を覚えさせるのが大学での教育の目的ではありません。むしろ、思考させることを目的にしているといっていいでしょう。それは批判的精神の涵養と言い換えることもできます。つまり、教員が話したことを、そのまま受け止めるのではなく、批判的精神をもって咀嚼し、自らのなかに落とし込んでいく。それができるようになることが求められているのです。

教員が話したことをそのまま受け止めるだけなら、知識を吐き出してもらえばいいことになります。すると、教師のほうも正確に覚えているかどうかだけを確認すればいいのです。その場合、すべてを書かせなくても、穴埋めにしたり、語句だけ書かせてもいいでしょう。

ところが、批判的精神をもって咀嚼し、自らのなかに落とし込んだ内容となると、一言で表現するわけにはいきません。だからレポートなのです。まず授業をどう受け止めたか理解を示す。そのうえで、自分の考えを批判的に展開していく。すると少なくとも千数百字、多ければ数千字の言葉を費やして答えることになります。

誤解しないでいただきたいのですが、批判的にといっても、別に反対のことを書く必要はありません。ここでいう批判とは吟味というような意味でとらえてもらえばいいでしょう。だから教師がいったことをいったん吟味すればそれでいいのです。本当に正しいかどうか、妥当なのかどうか。そのプロセスを経たかどうかがわかるような書き方がまず求められます。

そして自分の意見を展開する段階では、前にも書いたように証拠をつけなければなりません。なぜ自分はそう考えるのか。まったくオリジナルな意見なら、他者が書いた根拠はいらないかもしれません。ただ、まったくのオリジナルということはないはずです。何か間接的にでも参考にしたものがあれば、それは正直に明らかにすべきでしょう。

何より、先行研究、つまり同じテーマについて誰がどこまで研究しているかを確認する必要があります。それを調べた結果について示しておかねばならないわけです。それでもなお自分の意見がオリジナルなものなら、それはそれで素晴らしいことだといえます。

さて、これでなぜ大学ではレポートが基本なのかということがわかってもらえたと思います。このように書くと、中にはレポートじゃなくて、論文や本でもいいのではないかという人がいるかもしれません。たしかにその通りです。いったいなぜレポートなのか？

この問いについて考えるためにも、ここで少し哲学をしてみたいと思います。じつは私の専門は哲学なのです。哲学といっても難しくとらえる必要はありません。要は、物事を根本的に考える営みのことです。それではいきましょう。「そもそもレポートとは何か？」レポートという言葉は英語ですから、日本語に訳すと報告ということになります。つまり、報告する相手と内容があるわけです。そして内容は相手によって変わってきます。では、いったい誰に報告するのか？

授業におけるレポートですから、やはり先生ということになると思います。先生が課題を出して、それについて学生が報告するのです。したがって、レポートとは第一に先生への報告なのです。そしてその内容は、先生が求めたもの、すなわち課題の答えです。

ほかにはないでしょうか？　先生だけが報告の相手でしょうか？　もしそうだとすると、先生に手紙を書いて、ほかの人には絶対に見せないでくださいとお願いする場合も「レポート」と呼んでいいことになります。でも、これをレポートだという人はあまりいないのではないでしょうか。つまり、レポートとは、先生に向けて書いているのだけれども、他の人が読むことも想定されているということです。

大学の試験ですから、いくら個々の先生が出したものとはいえ、大学という組織がやっていることです。だから先生宛の個人的な手紙とはわけが違うのです。実際、成績評価の対象となるレポートは保存を義務付けられますし、場合によっては大学の資料として公開することが求められます。それだけ公の性質を有しているということです。

いわば学生は、大学に対して報告しているのです。そうなると、おのずと内容も変わってきますよね。先生個人に宛てたもので、どこにも公開される可能性がないなら、先生さえ了解すれば、何を書いてもいいでしょう。形式も問われません。ところが、大学宛に書くとなると、相手は不特定多数になる可能性があります。また公開される可能性もあるとなると、内容も形式もきちんとしたものである必要があります。

いわば、公開に耐えられるものでないといけないということです。それは二つの意味においてです。一つは、いい加減なものであってはいけないということです。いくら先生がいいといっても、落書きに高い成績「秀」や「優」がついていたら、大きな問題になるでしょう。もう一つは、他者の権利を侵害するようなものであってはならないということです。とくに著作権などの知的財産権に気を配る必要があります。引用などのルールがきちんと守られていないと、これまた問題になるのです。

さて、いかがでしょうか。レポートが急にハードルの高いものに思えてきたのではないでしょうか。ここでぜひポジティブシンキングに転換していただきたいと思います。ハードルが高いということは、それだけ高い技能が求められるということですから、逆にいうとそんな高い技能を身につければ、高く評価されること請け合いなのです。資格と同じです。高ければ高いほど、価値がある。

それにきちんとレポートが書けるって、やっぱりかっこいいですよね！　大学に入学したてのある学生が、私のいう通りに初めてレポートを書いたとき、こんなことをいっていました。「大学生になった感じがします」と。

レポートは基本だといいましたが、基本ができていないと、何をやってもだめです。いくら専門知識を身につけても、レポートの書き方がいい加減だと、学問を修めたとはいえません。次にお話しする卒論も同じです。

いわゆるソツロンの書き方――卒業するために書く論文

大学時代、本腰を入れてやらなければならないことが二つあります。なんだと思いますか？　え、部活と恋愛？　それもある意味で大事ですが、違います。答えは、卒論（卒業論文）と就活（就職活動）です。いや、本当は日々の勉学と多様な経験といいたいところなのですが、学生目線からすると、やはり卒論と就活なのです。学生目線ですから、あえてここではソツロンとシュウカツと表現しておきましょうか。

シュウカツはその後の人生にかかってきますし、ソツロンはそもそも卒業できるかどうかにかかってきます。だから皆、目の色を変えて取り組むわけです。いずれも三年生の後半くらいから本格的に意識し始めることですが、何事も先手必勝です。シュウカツについては本書のテーマから外れるので、ソツロンに話を絞っていきましょう。

あらためて確認ですが、ソツロンというのは卒業論文の略ですから、文字通り「卒業研究の成果として提出する論文」を指しています。つまり、四年間大学で学んできたことの集大成として、まとめるものなのです。

そんなことをいうと、一般には四年生になって書くものなので、最終年度の集大成だと反論する人がいるかもしれません。もちろんその通りなのですが、だからといって一年生から三年生までやってきたこととまったく関係ないかというと、そんなことはないはずです。基礎を積み重ねてきて、ようやく応用としてゼミで一つのテーマについて深く掘り下げていくわけですから。

では、そんなソツロンで一番大切なことは何か？　あきらめないこと？　それも正解です。そして内容がいいことも大事です。でも、一番大切なのは、形式です。驚きましたか？　ソツロンは内容がいくらよくても、形式がダメだと卒業を認めるわけにはいかないのです。その意味で、形式がもっとも大事だといっても過言ではありません。

先ほどもいったように、ソツロンは四年間の大学生活の勉学の集大成です。そこで思い出してほしいのですが、大学生の勉学で基本となるのは何でしたか？　そう、レポートですよね。だからソツロンはレポートの集大成ともいえるわけです。書く技能の集大成です。内容が大事なのは当たり前です。ただ、内容は学問分野によっても、先生によっても求めるレベルが変わってきますから、ここでアドバイスしてもあまり意味がないでしょう。

私にできるのは、あるいは、こういうマニュアル本にできるのは、形式のアドバイスだけです。でも、その形式こそがいい論文か否かを決するので、ぜひ真剣にポイントを押さえておいてもらいたいと思います。引用の仕方などの細かいルールはレポートと同じですから、第2日目以下を参照してもらえばいいのですが、総論としてソツロンに特有の事柄だけここで少しお話ししておきたいと思います。

まず、ソツロンが特別なのは、その分量にあります。文系だと四〇〇字詰め原稿用紙で一〇〇枚程度が普通です。単純に計算しても、四〇〇字×一〇〇枚だと四万字です。普段の授業で書かされるような一五〇〇字とか二〇〇〇字のレポートとは桁が違うわけです。でも、一日で書くようなものではなくて、一年もかけるわけですから、徐々に書いていけば大した分量ではないともいえます。実際、書いてみると一〇〇枚なんてあっという間です。

次に大事なのはタイトルです。指導教員を除けば、人のソツロンをじっくり読むなどということはありませんから、たいていはタイトルと概要を聞くくらいです。シュウカツでもソツロンのテーマは何か聞かれます。これは意外と大切な質問なのですが、それでも一〇〇枚全部の話をすることはないでしょう。シュウカツの時期にはまだ構成段階でしょうから。

ということは、タイトルはすごく重要なのです。場合によってはそれだけしか聞かれないことだってありますし、エントリーシートにもソツロンのテーマとかタイトルしか書かないことが多いです。卒業してからはなおのこと、もうタイトルだけが独り歩きしていきます。

たとえば、上司が「君はソツロンで何書いたの？」と聞きます。するとあなたはテーマかタイトルを答えますよね。「ヘーゲル社会哲学の現代的意義です」といった感じで。すると上司は「ふーん。難しいことやってたんだね」で終わりです。それ以上中身を聞きたい人はあまりいないはずです。でも、一応難しいことをやっていたという印象を与えることはできます。

だからタイトルには凝ったほうがいいのです。とはいえ、それは漠然とし過ぎていたり、やたらマニアックだったりしてもいけません。ちょうどいいものになるように凝るのです。さらに研究ですから、アカデミックな雰囲気が出ていないといけません。このへんはレポートにも通じる部分ですので、詳細はあとでお話しします。ただ、ソツロンにとってタイトルがどれほど大事かという点だけは念頭に置いておいてください。

そして形式でいうと、なんといっても構成が大事です。きちんと問題の所在を示し、先行研究を押さえ、主張を明確に示し、結論を書く。最後に注釈や文献を正確に入れる。これができているかどうかがすべてです。

とくに注釈と参考文献については、まさにレポートで鍛えてきた部分の集大成にふさわしいといっていいでしょう。一〇〇枚の論文の注釈と参考文献ですから、それだけで多ければ一〇枚くらい、つまり一割を占めることさえあります。多ければいいというものでもありませんが、それでも文献表はどれだけ調べたかのバロメーターですから、そこだけ見れば論文の質がわかるというものです。ぜひ手を抜かずに、気合を入れて取り組んでいただきたい部分だといえます。

最後に肝心なことをもう一つだけ。それは締め切りに間に合うようにスケジュールを立てるということです。ソツロンは一年間の長期プロジェクトです。ですから、いつものレポートのように一夜漬けは通用しません。早い段階からしっかりとスケジュールを

卒業論文のスケジュール

（※あくまでモデルですので、目安にしてください。実際にはそれぞれの学校や先生の指示に従ってください。）

	やること	注意事項
4月	企画&調査→テーマの決定	後からぶれることのないように慎重に決定してください。
5月	調査（先行研究調査・資料収集）	調査は必要に応じて執筆中も続けます。
6月	思考→構成及び項目の確定	構成も後でぶれることのないように慎重に。
7月	執筆	出だしがよければ、スムーズに行きます。
8月	執筆	夏休みが正念場です。
9月	執筆	中間発表までに一通り完成させる必要があります。
10月	中間発表	指摘は前向きに受け取るといいでしょう。
11月	修正	教師からの指摘はすべて反映させたほうがいいでしょう。
12月	完成	何度も推敲するようにしてください。結局執筆はここまでずっと継続していることになります。
1月	提出	印刷製本のルールをしっかりと守ってください。
2月	最終審査	口頭試問がある場合は、自信をもって答えてください。
3月	卒業	おめでとうございます！

立て、また予定が狂ってくれれば、常にリスケジュールをしていくということを心がけてください。

一年といっていますが、実際には四月からスタートした場合、正味九か月しかありません。提出は一二月や一月ということが多いので。そのなかで調査、思考、執筆の三つの作業をどう振り分けていくか、よく考える必要があります。前ページに参考までに基本モデルを示しました。ただ、これはあくまでも基本モデルに過ぎませんから、それぞれのテーマやシュウカツのスケジュールなどを勘案しつつ、現実的かつ余裕をもったスケジュールを立ててください。

書く技術は一生役立つ！——入試、定期試験レポート、卒論、就活、仕事

第1日目の最後に、レポートを書くことで将来どんなメリットがあるのか、しっかりと皆さんにお伝えしておきたいと思います。これを聞いておくのとそうでないのとでは、取り組み方が変わってくるからです。

実際に学生から、「そんなことなら早くいってくれればよかったのに」といわれることもありますし、何を隠そう私自身が大学を出てからそう思って後悔したことがあるためです。つまり、大学生のときは、自分のやっていることや学んでいることが、そのときしか役に立たないと思い込んでいるのです。正確にいうと、勉強したり単位を取るのに必死で、それ以上は考えている余裕がないだけなのかもしれません。

でも、だからこそ意識しておく必要があると思うのです。それは、いまやっていることはすべて一生役立つということです。とくに書く技術は、一生ものです。いまあなたが高校生なら、それは大学入試でも役立つでしょう。これからはどの科目も、思考力を問う問題が増えてきますから、必然的に記述を重視するようになります。小論文も増えていくことと思われます。

大学生の場合、すでにお話ししてきた試験としてのレポートや卒論に加え、就職試験にも大いに役立ちます。職種によっては、エントリーシートで長文を書くことになるものや、小論文などを提出する就職試験も少なくありません。そして留学や大学院入試にももちろん役立ちます。何より、仕事のスキルとして卒業後もそのまま使えるのです。これは私自身が確認済みです。前にも書いたように、私は商社、地方自治体、学校という業種のまったく異なる「産官学」の場で働いた経験があります。だからわかるのですが、どの業界でも大学で学ぶレポートの書き方が、そのまま日々の業務で活用できます。社会に出ると、どこにおいても、日々、企画書や報告書、プレゼン資料といったものを次から次へと作成することになります。そのときにも、いま学んでいるレポートの書き方がまちがいなく役に立ってきます。

これだけいっても、大学のレポートの作法が仕事のスキルにそのまま使えるなんて、なかなか信じてもらえないかもしれません。なぜなら、大学というのは特殊な空間で、世間の常識が通用しない場であるかのように思われているからです。

たしかにそういう側面はあります。よくも悪くも世間から超然としているところが、大学の魅力でもありますから。超然としているメリットは、常識にとらわれず自由に学問ができるという点です。デメリットは……夢を壊してはいけないのでこれはやめておきましょう。しかし、勉強した内容については、本来社会でそのまま使えるべきなのです。そうでないと大学で勉強する意味がありません。

ましてや書く技術にかんする基本的な事柄については、そのまま使えるわけです。もし社会で使えないとしたら、それは社会のほうがまちがっています。つまり、いい加減にやっているということです。

大学のレポートは、論拠をきちんと示した報告であって、手間はかかりますが、誰から評価されても堂々としていられる内容のものであるはずです。これはどんな仕事においても求められる事柄ではないでしょうか。もし外に公開できないような代物を仕事で生産しているとしたら、それは問題です。

念のため申し上げておきますが、ここでは守秘義務や個人情報保護の話をしているわけではありません。あくまで報告書の形式の話をしているだけです。したがって、こと形式に限っていうなら、大学で身につける書く技術は、普遍的なものだといっていいでしょう。

三年生や四年生に、「これはシュウカツに関係あるよ」というと、皆目の色を変えます。この授業は就活に関係があるとか、この知識は就活で使えるというと、眠そうにしていた学生が、急にメモを取りはじめるのです。卒業後の人生がかかっているわけですから、それはそれで別にいいと思います。でも、残念ながら、レポートの書き方を学ぶのはたいてい入学直後の一年生の間だけです。まだ皆さんが就活など意識しないころにやるわけです。ですから、どうしても関心が薄くなるのです。

そうしていい加減にやっていると、後で後悔することになります。なぜなら、就活のエントリーシートを書くのも本質はレポートと同じだからです。論拠までつけることはないと思いますが。あるいは、小論文を課されるところもあるでしょう。そのとき慌てても手遅れです。

私もよくエントリーシートを見てくださいと頼まれるのですが、具体的な中身以前に、文章がひどい。これはもう一朝一夕になんとかなるものではありません。それにいくら誰かに添削してもらっても、すぐばれます。なにもかも添削しつづけてもらうわけには

シュウカツ
ソツロン
レポート
レポート
レポート
レポート
レポート

いかないでしょうから。そんなことにならないように、ぜひ最初の段階から関心をもっていただきたいと思います。

それでは関心が出てきたところで（希望的観測ですが）、いよいよレポートの書き方について基本からお話ししていきましょう。

第2日

書き方の基本――まずはこれを押さえよう！

そもそも何をどう書けばいいのか

さて、いよいよ具体的なレポートや論文の書き方についてお話ししていきます。最初のテーマは、そもそも何をどう書けばいいかです。まさにそもそもからのお話です。もちろん、教師から与えられた課題があるでしょうから、それについて書くということになります。

問題はその課題に対して、何をどう書くかです。課題といっても一言で表現されたものから、資料つきの長文のものまでさまざまです。たとえば、「自由とは何か」といった抽象的なものから、「エネルギーミックスのグラフの推移をもとに、最近の原発にかんする新聞記事を分析せよ」といったようなものまで。いずれも私が過去に出したことのある課題なのですが。

さて、たとえば「自由とは何か」と問われたら、皆さんは何を書きますか？　こういうシンプルな問題は、わかりやすすぎて逆にわかりにくいですよね。言葉の意味がわからないということはないでしょうが、何を答えていいかわからないのです。

　こういう場合は、自分で問題を補ってやる必要が出てきます。つまり、自分で問題を設定していいのです。たとえば、政治思想における自由主義の変遷について書くとか、人間には自由があるのかどうか自由意志の問題について書くとか、憲法学における表現の自由についてとか、はたまた医学における身体活動の自由についてとかいうふうに、ある程度幅を狭めるということです。このように何か一つのお題を与えられたときには、いろいろな設定ができるし、また逆にそのうちのどれかに設定しなければならないのです。もちろん授業でやった内容に即して書く必要があるので、それが暗黙の前提条件になってはきます。

　これに対して、具体的な資料があったり、設問がやたら具体的な場合は、それに従って書くのみです。こちらは問題ないでしょう。いずれの場合も共通しているのは、とにかく問いに答える姿勢を忘れないことです。いくら設問がシンプルでも、やはり出題している側には狙(ねら)いがあるはずです。そこを外さないようにしなければなりません。その部分は授業をきちんと受けていればわかるはずです。

大学で課されるレポートや論文は、授業の理解度を確認する試験です。したがって、授業の内容が前提になっていることを忘れてはいけません。ここでいくら奇をてらったことをしても、評価にはつながりません。たまにそういう勘違いがあるのですが、「自由にアイデアを書きなさい」という問題ならいざ知らず、授業の内容をまったく無視した奇抜なレポートは、感心はされても、高い評価はつきません。

オリジナリティやユニークさは、あくまで授業の理解が前提です。そこを軽視してはいけません。タレントオーディションとは異なるのです。こんなことをいうと、教師の言葉や権威ある本の引用ばかりにしてしまう人がいますが、これもまたまちがいです。

私がいっているのは、自分の意見を書かなくていいということではありません。むしろその逆です。授業を踏まえて、自分の意見を書くのです。もし誰かの言葉の引用ばかりだと、それは自分の意見にならないでしょう。引用のあとにちょっとだけ自分の意見を付け加えるのもダメです。それでは意見と引用の主従が逆転してしまっているからです。

引用はあくまで自分の意見を補強するためや、それへの対案を示すために使う「従」でなければなりません。誰かの本の要約のようなレポートがありますが、それではいけないのです。仮にそれが教師の本であっても、ただ媚(こ)びているようにしか見えませんから。

さて、何を答えるかわかったところで、次はそれをどう書くかです。これもやはりルールにのっとっていなければなりません。自由なスタイルで、クリエイティブに書かれても困るのです。皆同じフォーマットで書いてもらわないと、読むほうも大変です。ましてやそれが読みにくいとなれば、マイナス評価にさえつながりかねません。

ここで、具体的にレポートのイメージをつかんでもらうためのサンプルをお見せしましょう。これは実際に大学一年生が書いたものに、私がほんの少しだけ手を加えたものです。つまり皆さんでも十分書けるレベルのサンプルだと思っていただいて結構です。

タイトル

AIは人間になるのか？　人が人として生きていくための意味

所属・名前

●●大学××学部一年

山田太郎

序論

現代社会におけるＡＩ（人工知能）の進化には著しいものがある。ＡＩが人間の能力を上回るシンギュラリティ（技術的特異点）が、二〇四五年にも訪れるだろうと予測する専門家もいる。[1]「将来仕事がＡＩに奪われてしまうのでは？」という声もよく耳にするようになった。今やＡＩは、人間の生活を支えるための技術として発達しながら、あたかも人間に取って代わってきているようにも見える。本稿では、そんなＡＩが台頭する時代に、はたして人間はどうやって生きていけばいいのか考察していく。

本論

今まで人間が行ってきたことがＡＩによって行われるようになったその先に、はたしてＡＩが人間になる未来が訪れるのだろうか。そしてその時、まだ人間に存在意義はあるのだろうか。人が人として生きていくためには、いったいどのようにすればよいのだろうか。そのためにはまずＡＩの実態をよく知る必要がある。

ＡＩと聞いて私たちが真っ先に想像するのは、情報処理の技術や画像認識などの機械学習であるが、そもそもＡＩとはどのようなものであり、何のために存在しているのか。ＡＩの定義について、かつて白鳥則郎らは、立場の違いにより二つの種類があると論じていた。つまり、工学的立場による定義と、認知科学的立場による定義である。

前者によると、「ＡＩとは、人間が知能を用いて実行していることを、機械が実行することを可能にするための科学である」。他方、後者によると、「AIとは、コンピュータ技術を利用して一般的には知能の原理あるいは人間の思考過程を明らかにすることを目的とした科学である」[2]。

工学的立場からのAIは、まさに人間の活動を少なくすることで生活を楽なものにするためのものであり、現代のAI開発はその定義通りのものに思える。そして認識科学的立場からのAIは、現代でいえば音声認識や画像認識のための認識方法などだろう。見れば分かる通りこの二種の定義は繋がりをもっており互いに補完し合い発展するものと考えられる。以上の二種類の定義から分かることは、AIは人間の活動をコンピュータや機械によって実行したり明らかにするためのものであるということだ。

AIの存在意義が以上のようなものであるとした場合、それを突き詰めると、AIは人間と同じような活動をすることができるようになるのだろうか。汎用AIを研究するドワンゴAI研究所は、脳のさまざまな領域の働きを模したAIをネットワークで繋ぎ、脳全体を再現しようとしている[3]。

もし本当にそのような再現が可能になるとすれば、そのときＡＩはついに人間になるといっていい。

結論

では、ＡＩが人間になったとき、人が人として生きていくにはどうしたらよいのだろうか。この点茅野良男は、人間を、すでに実現され規定されている可能性の尾を曳きながら、まだ実現されもせず規定されてもいない可能性の中へと超越している存在と位置付けている。そして、人間は「既知と未知の中間」、「既成態と創造との中間」であると表現する。(4)

人間の存在をこのようなものと考えると、人間は永続的で完成されない存在であるからこそ人間なのであり、ＡＩにはない、まだ実現されていない可能性への超越という人間らしさが、人が人として生きていくための鍵であるように思えてならない。

注

(1) レイ・カーツワイル『シンギュラリティは近い』井上健監訳、NHK出版、二〇一六年、一〇七頁。

(2) 白鳥則郎・菅原研次・木下哲男『人工知能』共立出版株式会社、一九八七年、一頁。

(3) AERA dot.「AIが〝心〟を持つと『人の価値』そのものが変わる? キーワードは『役に立つ』」https://dot.asahi.com/aera/2017111700054.html?page=2(二〇一八年六月二日一五時一一分アクセス)

(4) 茅野良男『哲学的人間学』塙新書、一九六九年、二五三頁。

参考文献

カーツワイル、レイ『シンギュラリティは近い』井上健監訳、NHK出版、二〇一六年。

茅野良男『哲学的人間学』塙新書、一九六九年。

ケリー、ケヴィン『〈インターネット〉の次に来るもの　未来を決める12の法則』服部桂訳、NHK出版、二〇一六年。

白鳥則郎・菅原研次・木下哲男『人工知能』共立出版株式会社、一九八七年。

松尾豊『人工知能は人間を超えるか　ディープラーニングの先にあるもの』KADOKAWA、二〇一五年。

「AIが〝心〟を持つと『人の価値』そのものが変わる？　キーワードは『役に立つ』」https://dot.asahi.com/aera/2017111700054.html?page=2（二〇一八年六月二日一五時一一分アクセス）

いかがですか？　このサンプルはとても短いものですが、きちんとルールにのっとって書かれています。だからレポートっぽくなっているのです。そしてルールにのっとって書くためには、外枠から整えていくことです。どのような用紙に、どれくらいの分量で、何語で書くのか。縦書きか横書きか、表紙はいるのかいらないのか。そういったところからです。そのうえで、構成をしっかりと組み立て、素材を集める。

そうしてやっとスタートです。書き始めてからも、論理的な文章になるように常に注意が必要です。自分でも意味のわからない文章が、人にわかってもらえるはずがありません。途中で何度も読み返し、論理がおかしくなっていないか確認してください。その際、接続詞に注意するといいでしょう。「たしかに」、「しかし」、「したがって」などという接続詞があると、文章が論理的になりますし、読み手には非常にわかりやすくなります。そういうのがないほうがかっこいいと思っている人もいますが、それはまちがいです。詩ではありませんから。

だいたい先生が一つのレポートを読むのにかける時間は、短いものなら五分くらいです。短期間に何百ものレポートを採点するわけですから、さっと読むだけです。そう考えると、すっと読めないものは必然的に印象が悪くなってしまいます。せっかくいいことを書いていても、そこでマイナスになると損なので、くれぐれも論理の流れには注意してください。

一通り書けたら、必ず推敲(すいこう)をするようにしてください。できれば時間を空けて。少し落ち着いて読み直すだけで、かなり違った視点で見ることができるものです。すると、誤字脱字や論理のおかしい部分が見つかります。これをするとしないのとでは、仕上がりに差が出ます。洗車したあとワックスをかけた車とそうでない車くらいの差です。ぜひレポートもピカピカに仕上げましょう。

その他、注の付け方や引用の仕方など、細かい話は以下で詳しく説明しますので、ここでは総論にとどめておきます。

レポート・論文は段取りが九割

構成次第――項目と流れを考える

それではレポート・論文作成の具体的作業を確認していきましょう。何事もそうなのですが、段取りがとても重要です。事前準備のことです。本論で何を書くか、そのためにはどういう序論が必要か、そして結論にどうもっていくか、といったような段取りを考えておかなければなりません。段取りが九割といっても過言ではないでしょう。段取りが悪いと、あとでいくら頑張ってもガタガタです。段取りは建築でいう基礎みたいなものですから。

ひところ建築の世界で、耐震偽装という問題が話題になりました。安く済ませるために、設計図の段階で偽装がなされていたのです。それではいくら設計図通りに家を建てたとしても、意味がありません。レポートでいうと構成が設計図にあたります。きちんと構成を考えることの重要性が、これでわかっていただけましたでしょうか。

思考の４つのステップ

ステップ	やること	ポイント
1	結論を考える	何がいいたいのかがもっとも大事
2	テーマに関連する項目をいろいろ挙げる	ブレーンストーミングの要領でマインドマップの手法を用いるのもよい
3	同じような内容のものを１つにまとめる	５つくらいに絞るとよい
4	５つの項目を結論につながるよう並べ替える	だんだん詳しい内容になるように

その場で書かされる小論文の試験も同じです。だから私は、仮に六〇分で一〇〇〇字書かないといけないのなら、半分の三〇分は構成に時間をかけていいと思っています。そこさえしっかり練れていれば、後は文字がすらすら出てくるはずです。途中で行き詰ってしまうよりよほど安心です。たっぷり時間のあるレポートや論文の場合は、なおさら構成に時間をかけるべきでしょう。

そしてそれは内容と密接にリンクしています。何を書くか、それがはっきりしていないと構成は練れません。順番としては何を書くかを考えてから、構成を練ることに

マインドマップの例

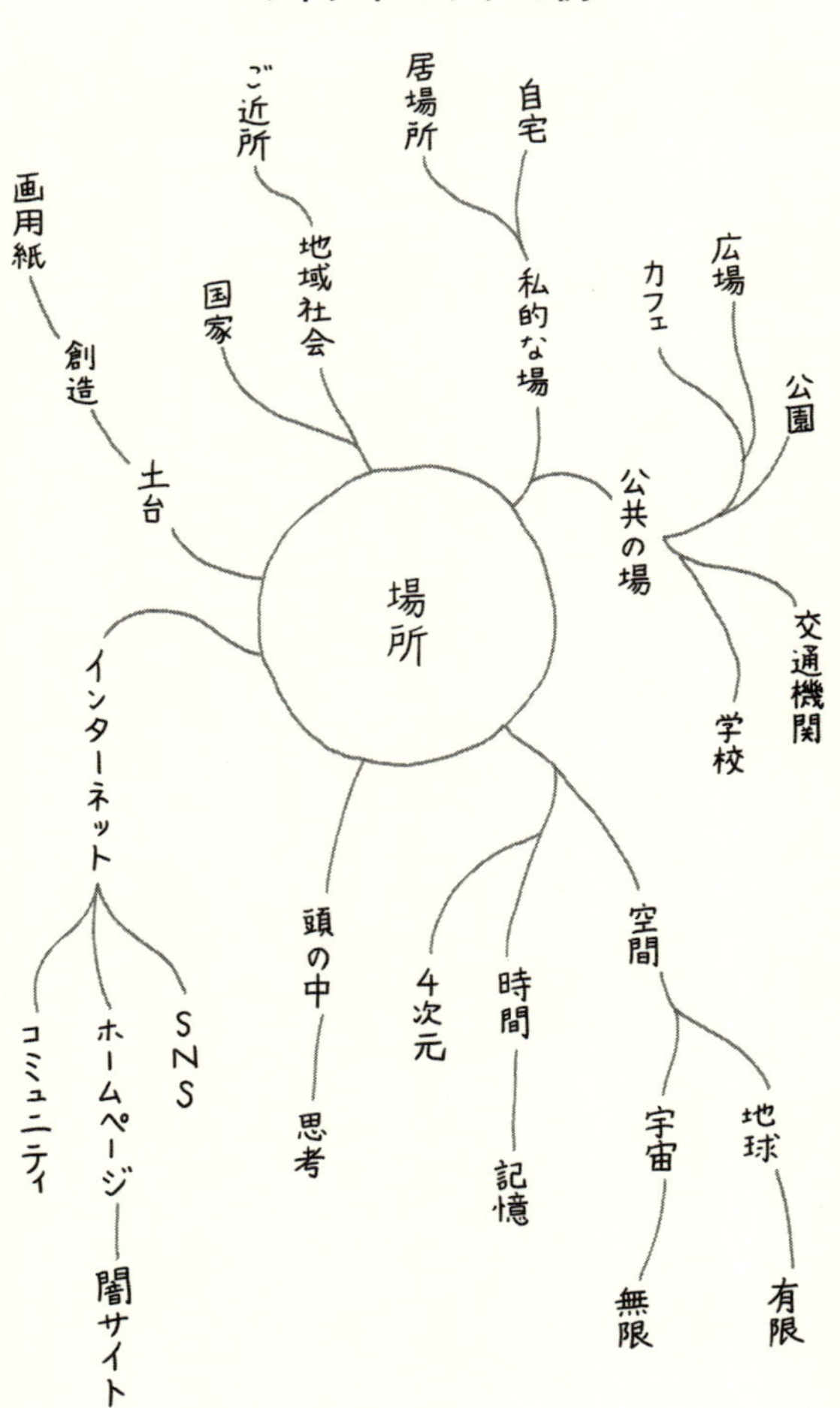

場所
画用紙
創造
土台
ご近所
地域社会
国家
居場所
自宅
私的な場
広場
カフェ
公園
公共の場
交通機関
学校
インターネット
SNS
ホームページ
コミュニティ
闇サイト
頭の中
思考
4次元
時間
記憶
空間
宇宙
地球
無限
有限

なります。ただ、少なくとも大きなテーマは決まっているでしょう。授業で書くレポートですから。そのうえで、具体的に何を書くかです。

やりやすいのは、まず結論を考えることです。何がいいたいのかがもっとも大事です。その結論を前提に、テーマに関連する項目をいろいろ挙げます。ブレーンストーミングの要領です。ここでアイデアを連想ゲームのようにつなげていくマインドマップの手法を用いてもいいでしょう。そうやってだいたい出そろったら、同じような内容のものを一つにまとめ、五つくらいに絞ります。最後は、その五つの項目をどういう順番で論じたらうまく結論にもって行けるか、じっくり考えるのです。これが効率のいいやり方だと思います。

次に、基本的な構成案をご紹介したいと思います。いわゆる「流れ」です。レポートや論文の種類別の詳細な構成は別途示しますので、まずは原則的な話だと思っていただければ結構です。

†「序論」について

まず序論です。導入、「はじめに」の部分です。ここでは問題の所在を明らかにします。課題を受けて、自分がそれをどう理解したかを示すと同時に、どう論じていくか方針を明らかにします。資料がついているような具体的な課題なら、ある程度まとめて論点を抽出する必要があるでしょうし、逆に抽象的な課題なら、ある程度自分でそれを補ってから論じる必要があります。

レポート用の短いものでも、序論にはたとえば以下のようないくつかのパターンが考えられます。

①設問要約型

これは出されたお題を要約して本論へとつなぐパターンです。設問を受けて、とくに問題点を指摘したり、論点を抽出する必要のない場合に、一応設問を要約したり、自分の理解や解釈を確認してから書き始める場合に使います。

例

ここでは、ＡＩ時代における働き方について、役割分担という視点から考察を加えることが求められている。したがって本稿では、業務の種類における人間とＡＩの棲(す)み分けについて検討していきたい。

②問題提起型

これは設問を受けて、それを分析し、何が問題なのか指摘したうえで、そこを掘り下げていくことを宣言するパターンです。

例

設問のデータによると、ヨーロッパにおいてムスリムの人口が増えるとともに、アフリカにおいてキリスト教徒が増えていることがわかる。そこで本稿では、なぜこれらの地域で新しい宗教が勢力を拡大しているのか、また、そもそもなぜいま宗教を信じる人たちが増えているのかという点について明らかにしていく。

③問題設定型

これは問題の設定を自ら行い、そのことについて論じていくことを宣言するパターンです。設問が抽象的な場合に、自分で論じる方向性や枠組みを設定します。

例

設問では、平等概念の現代的意味について論じるよう求められている。現代社会では、一日一ドルちょっとのお金で生活をしなければならない貧しい人たちがいる反面、先進国の豊かな人たちの間においても経済格差が生じている。そこで本稿では、後者の問題を現代的な状況ととらえ、先進国における経済的平等について論じていく。

いずれにしても、読み手はこの序論をマップのようにして読み進めていきますから、わかりやすく書くことが大事です。難しい話を展開するのは、本論に任せて、序論は極力シンプルにするのがポイントです。

†「本論」について

次に本論ですが、どんな長さのものを書くにしても、必須の項目が三つあります。それは、①先行研究の紹介、②その批判、③自説の展開です。学問的なレポートや論文の場合、必ず先行研究があります。誰かが先にそのテーマについて研究した経緯があるということです。そこを踏まえているかどうかが、一つの評価のポイントになります。したがって、少なくとも主要な先行研究には触れるようにしてください。たとえば次のような感じです。

> 例
>
> この点、ドイツ出身の政治思想家ヤン゠ヴェルナー・ミュラーは、『ポピュリズムとは何か』の中で、ポピュリズムについて次のように論じている。

このように書けば、ミュラーという人が、すでにポピュリズムについて何かいっているということを示せますし、そこをきちんと調べている点をアピールすることができます。

もし論争があるようなら、それを紹介することも忘れてはいけません。自分もその論争に加わろうとしているわけですから。そのうえで、自分はどの立場にたつのか明確にしていくのです。

そのために②批判が必要になります。先行研究のままでいいなら、わざわざレポートや論文を書く必要はないでしょう。大学生なりに何か新しいことやプラスアルファのことが少しでもいえるかどうかが問われています。

大事なのは、食い下がる姿勢です。結果は二の次だと思います。たとえば次のような感じです。

例

たしかにミュラーのいうように、他の意見に耳を傾けようとしない反多元主義こそが、ポピュリズムの本質なのかもしれない。しかし、それに限定されるものではない。ほかにも重要な要素がある。

このように書けば、十分反撃をしている感じが出ます。そこで③自説の展開です。これについては、一生懸命考えた形跡があれば、教師は高く評価してくれるはずです。少なくとも私はそのようにしています。わずかの期間で大学生が書くレポートですから、本当にこれまでの研究をくつがえすような新発見があるとは期待していません。時に鋭い意見もありますが、そんなときはもちろん最高の評価をします。

ここではオリジナリティやユニークさを存分に発揮すればいいでしょう。むしろ若い皆さんの発想に期待する部分もありますから、正しさよりもチャレンジ精神が求められているのだといってもいいでしょう。

†「結論」について

最後はもちろん結論をしっかりと書くことです。全体のまとめと再度自説を強調し、自分のレポートの意義を明確にすることです。終わり良ければすべて良しというように、最後がきちんと締まっていると、全体がよく見えるものです。同じことのくり返しになってもいいので、きれいにまとめるようにしてください。その際、きちんと課題に答えているかどうかだけは確認するようにしたほうがいいでしょう。書いているうちに話がずれて行っている可能性もありますから。

さらに、残された課題について触れるのもテクニックです。というのも、短いレポートで完全にそのテーマについて答えが出し切れるわけがありません。そこで扱えなかったこと、新たに生じてきた疑問や問題、そういった内容について今後の課題とする旨付言しておくのです。本当にまたやるかどうかは別の話です。目的はあくまで課題の全貌が見えていることを示すこと、そして何より今回レポートを書いたことで、さらに進むべき道、掘り下げるべき内容が見えてきたことを示す点にあります。たとえば次のような感じです。

本稿では公共圏を活性化していくための方法について論じてきた。そしてそのためには、熟議、つまり徹底的に開かれた議論をすることが有効であるという結論が導き出された。しかし、ではいったいどうやってその熟議を実現していけばいいのかということにかんしては、答えは出ていない。それについては、今後の課題としたい。

いかがでしょうか？　この次の課題への言及こそ研究の意義にほかなりません。大学でやることは、すべてが研究につながっています。一人の学生にとってもそうですし、教員や大学全体にとってもそうです。

大学というのは、教育機関であると同時に研究機関でもあります。だからこそ、すでに答えの出つくした問題を扱うのではなく、未知の問題を扱うのです。皆さんのレポートも、その未知の問題の解決を一歩進めることに貢献しているという自負をもっていただければと思います。

あとは、注釈や参考文献をつけることになりますが、これについてはまたあらためてお話しします。

以上を一覧にしてまとめると、次のようになります。

序論　問題の所在及び方針

本論
- 先行研究の紹介
- 批判
- 自説の展開

結論　まとめ

注釈

参考文献

材料次第——どんな素材をどう集めるか

つづいては材料、つまり扱う素材についてです。レポートや論文は自分の意見を書くのが主だといいましたが、ただそれだけだと小学生の作文と変わらなくなってしまいます。しっかりとした根拠に基づいて意見を書くから大学生レベルのレポートになるのです。

ということは、その根拠次第でレポートの質が変わってくるともいえます。極端な話、根拠にする本がまちがっていると、自分のレポートもまちがっているということになるわけです。そんなことにならないようにするために、できるだけ信頼性のある素材を集めなければなりません。

一番簡単なのは、大学の先生が書いた論文や専門書を選ぶことでしょう。大学の先生は研究者ですから、一応研究の基本をマスターしています。きちんと先行研究を調べて、かつ論理的に書いているはずです。とくに出版されたものはそれなりに第三者のチェックも入っていますから、まちがいないといえます。一〇〇パーセントとは言い切れませんが……。

もちろん、それ以外にも、そのテーマを書くべき人によるものであれば、問題ないでしょう。たとえば、戦争がテーマである場合、戦争報道に携わっているジャーナリストや、軍事評論家などです。あるいは食がテーマなら、生産者やフードコーディネーターなどが書いたものでも関係しうるでしょう。

では、本をどうやって集めるか。簡単にいうと図書館に行けばいいのです。大学などの図書館で、テーマのキーワードを入れて蔵書検索してみましょう。すると関連の図書が出てくるはずです。キーワードはいくつかのものを試してみてください。

そうしてテーマにあっていそうな本を数冊選びます。次は、その本の参考文献にあげられているものから、必要なものを選べばだいたいそろいます。古典や最新のものは入れるべきですが、そのへんは一番テーマに即した本を読んだり、ネットで検索してみるとわかると思います。おそらく授業でも触れられているはずですので、注意してメモをとっておきましょう。詳細はあらためて別の章で説明します。

最近は、本以外にもＷＥＢ上の素材を使うことが増えていますが、これはとくに信頼性を確認する必要があります。ネットの場合、誰でも容易に情報を公開できることから、信頼できるソースであっても、まちがいが見受けられたりします。したがって、どうしてもネット上にしかないものに限って素材にすべきだと思います。

論理的な文章を書く方法

基本の論理をマスターする

まず皆さんにお尋ねしますが、論理とは何でしょうか？　論理的な文章を書けといわれても、いったい何が論理なのかわかっていなければ、やりようがありません。ここでいう論理とは、うまくつながることと理解してもらうといいでしょう。つまり、論理的な文章とは、うまくつながる文章のことです。

これは非論理的な文章を想像してもらえばわかると思います。たとえば、この文の意味がわかりますか？「お腹がすいたから、しかしあまりにも疲れた」。この文では前半の「お腹がすいたから」という部分と、後半の「しかし疲れた」がうまくつながっていません。だから意味不明になるわけです。せめて「お腹がすいていたが、あまりにも疲れていた」ならまだ理解可能でしょう。お腹がすいていたけれど、すごく疲れていたから何も食べられなかったのかなというふうに。

したがって、論理的な文章を書くためには、初めに基本的な論理を知っておいたほうがいいでしょう。おそらく皆さんが書く文章には、そんなにバリエーションはないはずです。いや、皆さんだけでなく、私もそうです。レポートや論文とは、いくつかのバリエーションによってつくられた文の組み合わせにすぎないのです。

たとえば、「AはBである。なぜならCだからだ」。これが論証のための一番基本的な文であり、論理ではないでしょうか。論理とは説得することですから、理由を述べなければなりません。「日本は豊かだ。なぜならホームレスが少ないからだ」。

これは誰かの論理を否定するときも同じです。「たしかにAだ（Aという考えがある）。しかしBといえる。したがってCだ」というふうに。ここではまず誰かが唱えるAという論理を紹介し、それを自分なりの理由Bを用いて否定しているわけです。「たしかに日本でも生活保護を受けている人もいる。しかし、生活できないほどの人は決して多いとはいえない。したがって日本は豊かだといえる」といった感じで。

あるいは、「もし～ならば」というふうに、条件を掲げる場合もあるでしょう。いわゆる三段論法のように。三段論法の名称くらいは聞いたことがあると思います。たとえばこんなフレーズです。「風が吹いているなら木の葉がゆれている。風が吹いている。ゆえに木の葉がゆれている」。

これは「風が吹いているなら木の葉がゆれている」という文が大前提となって、「風が吹いている」という小前提がそこに付け加わることで、結論として「ゆえに木の葉がゆれている」と理屈上いえるという論理です。

公式的に書くと次のようになります。「AならばB。そしてAである。ゆえにBである」。あるいは、次のように逆の論理も成り立ちます。「AならばB。しかし、Bではない。ゆえにAではない」。具体的な例に当てはめるとこうなります。「風が吹いているなら木の葉がゆれている。しかし、木の葉がゆれていない。ゆえに風が吹いていない」。

ほかにも、哲学の世界には昔から帰納法、演繹法という二つの相反する論理が存在します。これらを文章を書くときの論理に生かすとそれぞれ帰納的論証、仮説演繹法という論証の形式になります。まず帰納的論証はこうです。「AはXだ。BもXだ。CもXだ。ゆえにすべてXだ」。たとえば理科の実験を思い浮かべてもらうといいでしょう。生き物の細胞を顕微鏡で見たとします。「魚は細胞からできている。カエルも細胞からできている。マウスも細胞からできている。ゆえに生物は皆細胞からできている」というように。

次に仮説演繹法はこうなります。「Aという仮説が正しければBが成り立つ。このときBである。ゆえにAは正しいだろう」。先ほどの生物の例に当てはめてみると次のような感じです。「生物は細胞からできているという仮説が正しければ、魚は細胞からできているということが成り立つ。調べてみると、魚は細胞からできている。ゆえに生物は細胞からできているという仮説は正しいだろう」。

もっとあるのですが、とりあえずこのへんにしておきます。あとはもう基本の応用になってきますので。大事なことは、理由がきちんとあって、説得力のあるものになっているかどうかです。そこだけはきちんと意識して論じてください。

段落をつくる

レポートや論文を書く際には、適度に段落を設ける必要があります。小学校以来、作文を書く際にさんざんいわれてきたと思いますが、大学生になっても意外とできていません。おそらく推敲が足りないからだと思われます。というのも、私たちは一気に文を書くと、その一気に書いた部分を段落で区切るなどということは自然にはしないのです。ところが、それを注意して読み直すと、段落がないときついと感じるはずです。

つまり、段落というのは文字通り「一段落する」ためのものだからです。よく意味のかたまりなどといいますが、論理のかたまりといってもいいでしょう。相互に関連のあるいくつかの文章のかたまりです。したがってそれが連続すると、話がわからなくなるのです。論理的に書ける人は、きちんと段落をわけています。

では、どこで段落を区切るかですが、論理のかたまりごとということになります。それがわからない場合や、論理のかたまりが長すぎる場合には、形式的に切りのいいところで五～一〇行くらいで切っていいでしょう。接続詞で話が変わるタイミングなどがベストです。あるいは、自分で早口で読んでみて、小休止したいなと思ったところで区切るのも手です。

接続詞が賢く見せる

先ほど論理の話をしましたが、接続詞がそれを明確にします。「たしかにAだ。しかしBといえる。したがってCだ」という文章があったとします。この場合、「しかし」があるからBは前の文と反対のことを述べているのだなとわかるわけです。そして「したがって」があるから、そこが結論なのだなとわかるのです。

接続詞は文章を引き締めます。文章を書くというのは、一文一文を接続していく営みですから、その接続の言葉次第で意味が変わったり、わかりやすくなったりするのです。接続詞はそれほど重要だということです。もっというと、接続詞さえきちんとしていれば、中身以上に評価してもらうことも可能です。

私はあえて接続詞を多めに使っています。必ずしもなくてもわかる場合でさえ、あえて使うのです。多分文学作品ならないほうがいいこともあるでしょう。そのほうがかっこいいし、読み手の想像に解釈を委ねることもできます。でも、論理文ではそれは逆効果です。かっこうをつけるよりもわかってもらうことが大事ですから。

想像に委ねてまちがった解釈をしてもらっては困るのです。たとえば、「価値観は人によって異なる。社会における常識はある。常識を知っているとトラブルを避けることができる」という文章を考えてみましょう。これだけでもなんとか意味は通じるでしょう。しかし、次のように接続詞を入れてみるとどうでしょうか。「価値観は人によって異なる。しかし、社会における常識はある。したがって、常識を知っているとトラブルを避けることができる」。

接続詞を入れるだけで、意味がより明確になったのではないでしょうか。これは単純な文の例ですから、あまり変わらないと思うかもしれませんが、複雑になればなるほど接続詞が威力を発揮します。

もちろん、それによって文章が硬い雰囲気になるのは事実です。ただ、レポートや論文の場合は、多少硬くなっても、正確さを重視したほうがいいでしょう。法律の文章はやたら硬く見えますが、それはまちがいを防ぐためです。

一度、接続詞に着目しながら、いろいろな文章を読んで比べてみるといいでしょう。自分のスタイルも見つかるかもしれません。とくに英語でもそうなのですが、逆接の接続詞は同じものを多用すると稚拙に聞こえます。「でも」とか「しかし」が同じ段落にいくつも登場するようなケースです。仮に言い換えても、逆説が多いと論理が二転三転することになるので、好ましいとはいえません。思わず「どっちなんだよ！」と突っ込みたくなるような展開は避けたほうがいいでしょう。

ぜひ文章のうまい人がどんなふうに逆接の接続詞を使い分けているか、注意してみてください。何事も上手な人を真似るのが一番の上達のコツです。

「てにをは」はマジック

「てにをは」がうまく使えるだけで、文章は急に論理的になり、また輝きます。これは理屈を考えると日本語ネイティブである私たちにとっても難しい部分なのですが、習うより慣れろです。よくありがちなミスを回避するだけで、文章がマジックにかかったようによくなります。たとえばこんなミスです。

「私が彼が壊したのを発見した」。この場合、彼が壊したことを、私が発見したといいたいのです。でも、「発見した」の主語に「が」をつけ、「壊した」の主語にも「が」をつけてしまうと、とてもわかりにくくなります。ここで「てにをは」マジックを使うと、「私は彼が壊したのを発見した」となります。「私は」のあとに読点をつけて、「私は、彼が壊したのを発見した」としてやればなおいいでしょう。

もちろん、「私が」と「私は」ではニュアンスは異なります。「私が」のほうには、ほかでもないこの私がというニュアンスが込められています。しかし、もしほかでもない私が発見したことを強調したいのであれば、「彼が壊したのを発見したのは私です」というふうにしたほうがいいでしょう。

「を」が続く文もよく見ますが、これもよくありません。たとえば、この一文です。「息子を夢を実現する人を応援する仕事につけたい」。「を」が三つもあるのが問題です。できれば一つ、難しいなら二つにとどめたいものです。二つだとこうです。「息子を、夢を実現する人の応援になるような仕事につけたい」。一つだとこんな感じでしょうか。「息子に、夢を実現する人の応援になるような仕事についてもらいたい」。

さらに難しいのは「の」の連続です。「私のホームページのプロフィールの写真が気にいらない」。これも「私はホームページのプロフィールの写真が気にいらない」とか、「私のホームページにあるプロフィール写真が気にいらない」などとするといいでしょう。

いずれも文章の推敲をすればまちがいが見つかりますし、またよりわかりやすい文章にすることもできます。「が」、「を」、「の」はとくに注意してくださいね。

語彙力で差がつく

レポートや論文を採点していて、中身のほかに「おっ」と思わせるポイントは語彙です。形式がきちんとしている、論理がしっかりしている、あるいは文章がわかりやすいというのは当然のことなので、逆にそうでなかった場合、マイナスポイントになります。

しかし、同じ形式的なことでも、語彙力があるとプラスのポイントになるのです。一つにつき何点などということはないでしょうが、少なくとも印象はよくなります。同じ内容でも、たとえば「考えが違うことを考える」などと表現している人と、「認識の乖離そのものに対峙する」と表現している人がいれば、後者のほうがしっかりしたことを書いているように思われてしまうのです。

難しい言葉を使いこなすということは、それだけ物事を深く考えている証拠です。なぜなら、その言葉の意味をよくわかっていないといけないからです。もちろん意味もわからずかっこうをつけて使うだけなどというのは論外です。それはすぐにばれます。使い方がおかしいでしょうから。

では、語彙力はどうやってつければいいのか？それはもう質のいい読書をすることに尽きます。哲学書やレベルの高い評論文を読んでいると、必然的にそうした難しい表現に出くわすことになるでしょう。その都度辞書を引いて意味を確かめ、さらに前後の文脈をよく

考えて、そこでの意味内容を理解するように努めてください。そうすればきっと自分のものになるはずです。

だからといって、やたら難解な言葉を使いすぎると、かえって印象が悪くなります。ここはバランスが大事です。賢さも見せつつ、謙虚さも醸し出す。それがポイントの高いレポートや論文を書くコツです。

いい文章を書く方法

わかりやすい

いい文章の定義はさまざまでしょう。ただ、レポートや小論文に限っていえば、それはわかりやすいことを指します。小説は必ずしもわかりやすい必要はありません。哲学の文章もそうでしょう。哲学の場合、読み手に考えさせるのが目的であることもありますす。そうなると、わかりにくい文章であるほうが、いいということになったりもします。

ところが、レポートや小論文は、読み手、とくに採点する教師にとって読みやすいものでなければ、意味がありません。いくら名文を書いて自己満足していても、ちっともいいことはないのです。

では、わかりやすいとはどういうことか？　それはいいたいことがはっきりしているということです。「何がいいたいんだ？」と思われたらもうおしまいです。ということは、スラスラと読み通せないといけないわけです。多くのレポートや論文を採点する側に立てば、それはすぐわかると思います。「なるほど、なるほど」といって読み進めてもらう必要があるのです。そのためのコツをお話ししていきます。

主語と述語をしっかり対応させる

まず主語と述語をしっかりと対応させること。日本語の場合、主語を省略することができます。したがって、つい「誠意が必要だというのです」などと書きがちです。前後の文脈から主語が明確な場合はいいですが、そうでないと、誰が誠意の必要性をいっているのかよくわかりません。引用の場合はとくに気をつけなければなりません。その本の著者がそういっているのか、自分自身がそう思っているのか、読み手が混乱してしまうからです。

もう一つは、主語と述語の関係性です。主語と述語をしっかり連動させる意識がないと、主語が「彼」なのに述語の部分が「彼」以外の他の人の動作になっていたり、能動態と受動態が正しく使われていなかったり、ということが発生しやすくなります。たとえば、次の文を見てください。

> 彼は切符をまちがって買って、混雑していたため、払い戻しがされませんでした。

「彼」という主語に対して、述語が「払い戻しされませんでした」になっていますが、これでは対応関係が不明確ですよね。おそらくこの述語は、「払い戻しが」という主語に対応した受動態になってしまっているのだと思います。したがって、「彼」という主語に対応させるなら、本来は次のようになるはずです。

彼は切符をまちがって買ってしまったのですが、混雑していたため、払い戻しをすることができませんでした。

かつて私は市役所に勤めていたことがあります。市役所でつくる文章は、同時にいろいろなことをいわないといけないので、どうしても一文が長くなってしまいます。法律の文章と同じです。そうすると、いつの間にか変な文章になっているのです。これを防止するには、一度書いた文章を、主語と述語が対応しているかに注意しながら読み返してみることです。そういう目で見ないとこのまちがいはなかなか発見できません。

リズムがある

読みやすい文章にはリズムがあります。音楽と同じです。文章を読むとき、私たちは無意識にそれを音読しています。だからリズムがあったほうが、読んでいて心地よくなってくるわけです。リズムを出す方法は簡単です。一文を短くすればいいのです。文章の切れ目がリズムを作るためです。

試しにいま書いた段落をリズムの悪い文章にしてみます。ぜひ比較してみてください。

> 読みやすい文章にはリズムがあるのですが、それは音楽と同じだからです。文章を読むとき、私たちは無意識にそれを音読していますから、リズムがあったほうが、読んでいて心地よくなってくるわけです。リズムを出す方法は簡単で、一文を短くすればいいのですが、これは文章の切れ目がリズムを作るためです。

リズムのない文章を私はよくグネグネ道のドライブに喩(たと)えます。なぜなら「文字酔い」するからです。読んでいて採点者の気分が悪くなったとしたら、当然印象もよくありません。短く短くを意識してください。推敲の際、実際に音読してみると、長いということを実感できると思います。読点のなさにも気づきますから、この方法はお勧めです。

さらにもう一つ、リズムを生み出すための重要な技があります。それは、文末の表現を変えることです。同じ文末表現がつづくと、リズムが出ません。しかも小学生の作文のようになります。たとえば、次のような文です。

> 今年はレポートをたくさん書きました。とてもやりがいがありました。先生にも頑張ったとほめられました。

「〜ました」が三回もつづきます。同じことをいうのに、二文目以下を別の表現にしてやると、次のようになります。

> 今年はレポートをたくさん書いたので、とてもやりがいがありました。そこで、先生にも頑張ったとほめられたのです。

どうでしょうか？　リズムが出たと思いませんか。リズムには変化が必要なのです。文末の表現を変えてやることで、各文に変化が生じるわけです。

プラスアルファ——熱くて、美しくて、面白くて、余韻がある

最後にプラスアルファで、文章をキラリと光らせる技を紹介しておきます。これは決して小説のようなものを書こうという話ではありません。あくまで光るレポートや論文を書くための方法です。

レポートや論文はわかりやすさが大事だとくり返してきました。しかし、だからといって無味乾燥な文章にしてしまってはいけません。むしろあまたある答案のなかでキラリと光らせるためには、味わいのある文章を書いたほうがいいのです。中身はもちろんいいものであるという前提ですが。

そのために私が必要だと思うのは、熱くて、美しくて、面白くて、余韻のある文章です。熱いというのは、思い込みが激しいことではありません。情熱があるということです。主張すべきときには、しっかりと強調できる。それが熱さを醸し出します。たとえば、「これが必要だ」と書くより、「これこそが必要なのだ」と書いたほうが情熱が伝わるでしょう。

美しさとは、前に書いたリズムがあることに加え、無駄がないことです。たとえば、いちいち「〜なのだが」といった言い訳がましい説明が多いと、美しさに欠けてしまいます。何事もずばっといい切るほうがいいでしょう。これは口頭で話すときも同じです。

よく「まぁこれは〜なんですが」というのをはさみまくる人がいますが、聞きづらくて仕方ありません。

面白さについてはいうまでもないでしょう。念のためにいっておきますと、ギャグをはさめというわけではありません。しかし、ある程度の言葉遊びができるのは知性の表れですから、むしろ積極的にやっていいと思います。タイトルなど

に使うのもいいでしょう。「ＡＩに愛はあるか?」のように。
余韻というのは文末をどう締めくくれるかです。ブチっと終わるのでもなく、だらっと終わるのでもない方法です。いわばその後に何か残響を感じるような。いくつかのパターンを示しておきます。

問題提起型　「～なのではないだろうか」「～次第である」「～にかかっている」
主張型　「～べきである」「～しなければならない」
強調型　「～にほかならない」「～といっても過言ではない」

さて、いい文章を書けるかどうか。それは皆さんの手に委ねられています……。（こんな感じで残響を残すわけです。）

第3日

最低限のルール
——面倒だけどかっこいい!

最低限の形式

本章ではレポートと論文を書くうえで最低限のルールについてお話ししていきます。こういうマニュアル本では、正確さを期するためについつい細かく書きすぎて、余計に使いづらいものになってしまっているケースが多々あります。

そこで本書では、「5日で学べて一生使える！」というタイトルが看板倒れにならないよう、あえて最低限の情報にこだわりたいと思います。そのほうが使えるからです。最近のハイテク商品と同じです。

最近のハイテク商品は機能が高度過ぎて、トリセツも全部をフォローしようとすると分厚い辞書のようなものになってしまいます。でも、それだとすぐ使えるマニュアルにはならないので、本当に必要最小限の情報だけを書いたシンプルなトリセツがもう一つつけてあるのです。そしてたいていはそれだけで事足ります。例外的なことが知りたいときだけ、分厚い辞書を引けばいいのです。

本書はそのシンプルなトリセツ、つまり本当に役立つトリセツだと思ってもらえばいいでしょう。例外的なことなど、もっと詳しく知る必要が生じた場合には、巻末の参考文献に当たってもらえばいいと思います。大学のレポートや論文作成のレベルなら、まずそんな必要はないとは思いますが。

それではさっそくいきましょう。当たり前ですが、最初に言語を選択する必要があります。日本語なら日本語、英語なら英語、あるいは他の言語というふうに。混ぜてはいけません。そして日本語でも、正式な日本語を使わなければなりません。

いわゆる若者言葉や不正確な日本語がダメなのはもちろんのこと、方言も避けたほうがいいでしょう。ここまでは当たり前かもしれませんが、意外とまちがえるのが「です・ます」調と「である」調の選択です。基本は「である」調です。これも混ぜてはいけません。引用の場合は仕方ないですが。

また、書式やフォントの種類及びサイズ等も統一する必要があります。WORDをベースにお話ししますと、基本はA4用紙で一行あたり四〇字前後×一ページあたり三〇

〜四〇行でしょう。四〇〇字詰め原稿用紙に換算しやすくするためには、四〇字×三〇行がお勧めです。四〇行だと行間が詰まってしまうでしょうから。人に読んでもらうものなので、見やすさは大事です。

フォントは明朝、サイズは一〇・五〜一一ポイントが基本でしょう。題名や章の標題はゴシック体を使って強調することもあります。あとはページナンバーをふることです。余白等はあまり広すぎず狭すぎずがベストです。とくに教員からの指定やこだわりがなければ、ＷＯＲＤの基本設定どおりでいいと思います。上三・五センチ、下と左右は三センチです。また本書での例は縦組みにしていますが、実際に大学で提出するレポートや論文は横組みが基本です。

引用の仕方

引用の仕方についてお話しする前に、そもそも引用とは何か、ごく簡単に説明しておきましょう。引用とは、他人の言葉や文書を、自分の文章のなかに文字通り引っ張って来て用いることです。ただし、これにも原文の記述をそのまま鍵カッコ（「　」）をつけて表記する「直接引用」と、原文の記述内容を要約して表記する「間接引用」の二つのパターンがあります。直接引用でも、数行にわたる長い文章の場合は、鍵カッコをつけません。これは後でお話しします。

具体的な引用の仕方ですが、最初に二つの基本原則を押さえておく必要があります。それは必要最小限であることと、明確であることです。必要最小限というのは、自分の意見を補強したり、それに対する対案を出したりするうえで必要最小限であるべきということです。つまり、どうしても必要だから引用するのであって、箔付け（はくづ）や分量稼ぎのために他人の言葉を利用するというのは、もってのほかだということです。

明確であることというのは、どこが引用で、どこが自分の意見なのかはっきりさせるということです。それをしないのはごまかしになります。それなりの長さの文章なら鍵カッコをつけたり、独立の段落にしたりするでしょうが、キーワードや短いフレーズだとうっかり自分の言葉であるかのように潜り込ませてしまう危険性があります。これは意図せずやった場合であっても問題です。そのことを常に念頭に置いておく必要があるのです。

さて、それではいよいよ引用のルールについてお話ししていきます。なぜいよいよなのかというと、この部分がレポートや論文を特別なものにしている象徴的な要素といえるからです。もっというなら、引用が正確になされて、形式が整っていてはじめてアカデミックな書き物として認められるわけです。ここではその具体的なルールをご紹介します。

ルールといってもじつはいくつかのスタイルがあります。世界共通で一つしかないというわけではないのです。とはいえ、だいたいどこでも通用する基本的なものはありません。それをマスターしておけば問題ないでしょう。

大まかにいうと、引用をする際には、かならず出典を明記する必要があります。その出典が注釈というかたちで示されるわけです。次のようなイメージです。

例

そのことを理論として提示しているのが、ロシアの思想家ボリス・グロイスだ。その名もずばり『アート・パワー』という著書の中で、グロイスはアートの持つパワーと公共性の関係について、詳細な議論を展開している。(5)

注

(5) ボリス・グロイス『アート・パワー』石田圭子・齋木克裕・三本松倫代・角尾宣信訳、現代企画室、二〇一七年、一一頁。

シカゴ・スタイルって？

論文の書き方というと、よくシカゴ・スタイルという言葉が出てきます。書店でも論文の書き方を指南する本のなかに、この言葉を冠したタイトルの本が散見されます。これはアメリカのシカゴ大学発のもっとも標準的な論文執筆マニュアルだといっていいでしょう。だからシカゴ・スタイルなのです。シカゴ・マニュアルと呼ばれることもあります。

それこそ引用の仕方から、細かい記号の付け方まで詳細にマニュアルが定められていて、とても役に立ちます。何よりこれに従っていれば世界標準なので、まちがいがないのがポイントです。ところが、一つ大きな問題があります。それは当たり前ですが、このマニュアルは英語で書くことを前提につくられているということです。

日本の場合、理系はともかく、文系ならまだまだ日本語で論文を書くのが主流です。とりわけ大学で書くレポートは、ほとんどが日本語でしょう。したがって、日本語の場合はそのままシカゴ・スタイルに基づいて書くというわけにはいかないのです。ですから、ここでは文献の紹介にとどめておきます。ケイト・L・トゥラビアン著『シカゴ・スタイル　研究論文執筆マニュアル』（沼口隆・沼口好雄訳、慶應義塾大学出版会）がそれです。ぜひ英語で論文を書くときには、参考にしてみてください。

このほかにも、アメリカではAPAスタイルやMLAスタイルというのも結構使われます。APAとは、American Psychological Association の略で、アメリカ心理学会の標準です。心理学のほか社会科学の分野でよく使われています。MLAとは、Modern Language Association の略で、アメリカ現代語学文学協会の標準です。こちらは人文学の分野でよく使われています。

ほかにもいろいろあるのですが、要は分野によって標準が異なるのです。学会によってもっと細かく独自のやり方を定めているところもあります。ですから、自分の属する学会や大学のやり方に従うのがベストだといっていいでしょう。以下では日本における標準的なやり方を紹介していきます。

注釈の作り方

くり返しになりますが、注釈の作り方に、世界共通の絶対にこれでなければならないというルールは存在しません。ですから、学問領域ごと（学会ごと）、極端にいうと教師ごとにやり方が少しずつ異なっています。
たとえば、私が所属している全国規模の学会のやり方をいくつか比較してみましょう。

日本哲学会

著者名（出版年）『書名』出版社、ページ。

例　和辻哲郎（一九七九年）『風土　人間学的考察』岩波書店、四五頁。

日本倫理学会

著者名、『書名』、出版社、出版年、ページ。

例　和辻哲郎、『風土　人間学的考察』、岩波書店、一九七九年、四五頁。

政治思想学会

著者名『書名』出版社、出版年、ページ。

例 和辻哲郎『風土　人間学的考察』岩波書店、一九七九年、四五頁。

社会思想史学会

著者名『書名』出版社、出版年、ページ。

例 和辻哲郎『風土　人間学的考察』岩波書店、一九七九年、四五頁。

政治思想学会と社会思想史学会は同じですが、その他のものと比べると、出版年を入れる位置が違ったり、読点をどこに打つかも微妙に異なっているのがわかると思います。これが翻訳書で訳者の名前を入れるとなると、またそれぞれ書き方が異なってくるのです。つまり、決まったものはないと思ってもらっていいでしょう。

ただ、それでは学生の皆さんは困るでしょうから、ここでは日本における標準的なスタイルを示しておきたいと思います。いわば一番オーソドックスなやり方です。そして一通り紹介したあとに、近年広がっている別のやり方も一つ紹介しておきます。まず注の位置についてです。基本的なもののみ紹介しておきます。ちなみに「註」というふうにかっこいい表記をする人もいます。

①脚注

脚の字がついているように、文章の足元に注釈をつけるやり方です。そのページに出てきた語句の注釈を、同じページの欄外に示すというパターンが多いです。

②後注

レポートや論文の最後にまとめて注釈を入れるやり方です。

③文献表を参照させるパターン

注釈が必要な語句や文の直後に文献名を入れておいて、論文の最後につける文献表を参照させるやり方です。次のような感じです。後のほうで同じ例を引いて詳しく説明します。

③の例

風土によって国民的性格が形成されるという議論は、あたかも『倫理学』における間柄の議論とは次元を異にしているかのように思われる。しかし和辻は、ここで風土と間柄を巧みに結び付けるのである（和辻、一九七九、二〇五頁）。

参考文献

和辻哲郎（一九七九）『風土　人間学的考察』岩波書店

以上三つの基本的なやり方を示しましたが、どれが正しいということはありません。

ただ、大学で書くような比較的短めのレポートや論文であれば、後注でいいのではないかと思います。後ろにあったほうが本文自体は読みやすくなるのと、逆に後ろにあっても参照するのはそんなに大変ではないでしょうから。

引用の大前提

そもそも文章を引用するとはどういうことでしょうか？　それは人の文章を引っ張ってくることです。そして引っ張ってきて、自分の文章のなかに入れ込むのです。だから入れ方が問題になります。

短い文章なら、鍵カッコ（「　」）を用いて入れればいいでしょう。私たちが会話でもよくやるように、たとえば次の文のような感じにします。昨日先生が、「明日は辞書をもって来なさい」っていってたよ。

数行にわたるような長い文章の場合は、鍵カッコはつけずに、その代わり本文とは独立させて挿入します。引用とわかるように、前後一行ずつ空けて、かつ二文字下げるのが普通です。次のような感じです。

例

哲学者のダニエル・デネットは、人間もヘモグロビンや抗体、ニューロンから構成されるロボットであるという前提のもと、著書『心はどこにあるのか』で次のように述べている。

わたしたちは、何兆もの巨大分子機構の集合体なのである。しかも、その巨大分子はすべて、複製能力を持つ原初の巨大分子を祖先とする。このようにして、ほかならぬわたしたちがそもそも意識の存在を示している以上、ロボットを要素として成り立っていて、かつ、真正な意識の存在を示すものがいることは可能なのである。(1)

つまり、人間もある意味で細胞からできたロボットと同じであるにもかかわらず、意識をもった存在なのなら、ロボットだって意識をもちうるということである。

一般的なやり方だと、こうした引用文の最後にカッコ書きの数字をフォントを小さくして入れます（前ページ最後の行を見てください）。引用したり補足説明を加える順番に通し番号をつけていくのです。

そして、この場合、他者の文章をそのまま引っ張ってくるわけですから、引用元に傍点などの記号がついていれば、引用先でもちゃんと傍点をつける必要があります。勝手に変えてはいけません。もし引用元では強調されていないものの、自分が強調したいときなどは、「（傍点筆者）」とか「（ゴシック体筆者）」などのように明記しておく必要があるでしょう。引用が長すぎて中略するときも、きちんと「（中略）」と入れておかなければなりません。これについては、次の例を参考にしてください。マレー・シャナハン著『シンギュラリティ』（ドミニク・チェン監訳、NTT出版）からの引用です。

> **例**
>
> われわれはまず、ＡＩをややもすると擬人化し、感情のような主に人間的な原動力に動かされる存在であるかのように見ようとする癖からいったん逃れる必要がある。〔中略〕ＡＩがどんな行動をとろうとも、どんな助言を提供しようとも、その核にあるのは、報酬関数の最大化を無情なまでに追求しようとする力である[1]。（傍点筆者）

それでは次に、私が一番オーソドックスと思う方法に則り（のっと）、具体的な引用の書き方を示していきます。さまざまなケースごとに、それぞれ和文と欧文の文献の引用の仕方を記しておきます。

†著書の引用

*初めて引用する場合

和文

著者名『書名』出版社名、出版年、ページ。

例　和辻哲郎『風土　人間学的考察』岩波書店、一九七九年、四五頁。

翻訳書の例　マイケル・ウォルツァー『正しい戦争と不正な戦争』萩原能久監訳、風行社、二〇〇八年、三一〇―三一二頁。

欧文

著者名、書名、出版社のある都市名、出版社、出版年、ページ。

例　Michael Walzer, *Just and Unjust Wars: A Moral Argument with Historical Illustrations*, 4th ed. New York: Basic Books, 1997, 2006, pp. 157-8.

※欧文文献について注意する点

・出版社のある都市名を入れるところが和文との違い。

・書名をイタリック体にする。

・改訂版であれば、版を意味する edition の省略記号 ed. を使って第何版か入れる。

・初版と改訂版の年数を両方入れる。

・通常ページ数は p. と表記するが、ページが複数にまたがる場合 pp. と表記し、ハイフンを使って最後のページ数も入れる（もっとも、シカゴ・スタイルに基づくと、正確にはハイフンではなく、エンダッシュ（en dash）という記号を用いている。これは通常の日本のパソコンでは表示できないため、ハイフンで代用することが多い）。その際、二桁目以上の数字が同じなら省略する。

なお、邦訳も参照した場合は、次のように両方併記します。

Michael Walzer, *Just and Unjust Wars: A Moral Argument with Historical Illustrations*, 4th ed. New York: Basic Books, 1997, 2006, pp. 157-8.〔萩原能久監訳『正しい戦争と不正な戦争』風行社、二〇〇八年、三一〇―三一一頁〕

＊同じ本を連続して引用する場合

和文

前掲書、ページ。

例 前掲書、一五頁。

欧文

Ibid., p. XX.

※ Ibid. とは前掲書という意味の記号です。

※シカゴ・スタイルの場合は Ibid. はイタリックにしません。

例 *Ibid.*, p. 15.

※邦訳も併記する場合は次のようになります。

例　*Ibid.*, p. 15.〔邦訳、三〇頁〕

＊間に他のものが入った後、ふたたび同じものを引用する場合

著者の苗字、書名（副題を除く）、ページ。
※あるいは、書名の代わりに前掲書と入れるだけでもいいです。ただし、同じ著者の複数の著書を引用している場合は、区別ができなくなるので、この方法は使えません。

和文

例　和辻、『風土』、一五頁。
和辻、前掲書、一五頁。

欧文

例 Walzer, *Just and Unjust Wars*, pp. 157–8.

Walzer, *Ibid.*, pp. 157–8.

※邦訳を併記する場合は次のようになります。

例 Walzer, *Ibid.*, p. 157–8.〔邦訳、三一〇—三一二頁〕

†論文の引用（編著書のなかの一部の引用）

＊初めて引用する場合

和文

執筆者名「論文名」、編者名『書名』出版社、出版年、ページ。

例 竹内良知「西田哲学における実践の概念について」、上田閑照編『西田哲学への問い』岩波書店、一九九〇年、二一〇頁。

※学会誌などの論文を引用する際は、「『比較思想研究』第三二号」のように、その号数も記入する。

欧文

著者名、論文名、書名、編者名、出版社のある都市名、出版社、出版年、ページ。

例 Joseph M. Boyle, Jr., "Toward Understanding the Principle of Double Effect" in *The Doctrine of Double Effect: Philosophers Debate a Controversial Moral Principle*, ed. P. A. Woodward, Notre Dame: University of Notre Dame Press, 2001, pp. 7–10.

※欧文の論文について注意する点
・論文はダブルクォーテーションマーク（" "）のなかに入れる。
・書名は in の後に入れる。
・編者名は edited の略である ed. のあとに入れる。（版を表す ed. と同じ表記なので注意）

†新聞記事の引用

「記事のタイトル」『新聞名』記事分類、発行年月日、朝夕刊の別、版数（ページ）：引用段

例 「日本経済復活のきざし」『日本経済新聞』社説、二〇一八年五月二七

日・朝刊、一二（三）：一―三

†ＷＥＢサイトの引用

「記事のタイトル」、サイト名とＵＲＬ（アクセス年月日及び時間）

例 「ＯＤＡとは？」、外務省 http://www.mofa.go.jp/mofaj/gaiko/oda/about/index.html（二〇一八／五／二七　一八時三七分アクセス）

※インターネットの情報は頻繁に更新されるので、アクセスした日時まで入れる。

以上すべてを盛り込んだ例を示しておきます。ルールと対照してみてください。なお、これはルールを理解しやすいように作ったダミーの注である点について、あらかじめご了承ください。このほかにもシリーズものの示し方をはじめイレギュラーなものや細いルールが多々ありますが、まずは基本的なものの表記を理解していただければいいかと思います。より詳細なルールについては、後でまとめて示しておきます。

注

（1）和辻哲郎『風土　人間学的考察』岩波書店、一九七九年、四五頁。
（2）前掲書、一五頁。
（3）Michael Walzer, *Just and Unjust Wars: A Moral Argument with Historical Illustrations*, 4th ed. New York: Basic Books, 1997, 2006, pp. 157-8.〔萩原能久監

訳『正しい戦争と不正な戦争』風行社、二〇〇八年、三一〇—二頁〕

（4）*Ibid.*, p. 197-8.〔邦訳、三七八—九頁〕

（5）和辻、前掲書、三〇頁。

（6）竹内良知「西田哲学における実践の概念について」、上田閑照編『西田哲学への問い』岩波書店、一九九〇年、二一〇頁。

（7）Joseph M. Boyle, Jr., "Toward Understanding the Principle of Double Effect" in *The Doctrine of Double Effect: Philosophers Debate a Controversial Moral Principle*, ed. P. A. Woodward, Notre Dame: University of Notre Dame Press, 2001, pp. 7-10.

（8）「日本経済復活のきざし」『日本経済新聞』社説、二〇一八年五月二七日・朝刊、一二(三)：一—三

（9）「ＯＤＡとは?」、外務省 http://www.mofa.go.jp/mofaj/gaiko/oda/about/index.html（二〇一八／五／二七　一八時三七分アクセス）

†より詳細なルール

文庫や新書、叢書（そうしょ）などのシリーズものの場合は、書名の後に（　）でくってシリーズ名を入れます。

例　高橋昌明『武士の日本史』（岩波新書）、岩波書店、二〇一八年、八二頁。

＊著者や編者が複数人いる場合は、三人くらいまでならすべて書く。あるいは最初の一人にしぼって最後に（他）とつける。欧文の場合は et al. をつける。

例 小川仁志（他）編

欧文の例 Hitoshi Ogawa et al. ed.

＊雑誌論文を引用する場合には、次のようにします。

著者名「論文名」、発行機関名（著名な雑誌なら不要）『雑誌名』（特集名）、巻・号、発行年（月刊誌なら発行年月）、ページ。

例 小川仁志「ヘーゲル『国家』概念の再発見――福祉〈多元主義〉への展望」、『理想』、No.六七七、二〇〇六年、一一五頁。

参考文献表の作り方

引用したものだけでなく、参考にしたすべての文献の一覧を最後に掲載します。ちなみに、注とは別に文献表が必要なのはなぜか？　それは参考文献の場合、必ずしも引用したものばかりとは限らないからです。レポートを書くうえで、大まかな着想を得るために読んだものがあったとすれば、それもきちんと明記しておく必要があるでしょう。

具体的には次のようになります。

引用・参考文献

Boyle, Jr., J.M., "Toward Understanding the Principle of Double Effect" in *The Doctrine of Double Effect: Philosophers Debate a Controversial Moral Principle*, ed. P.A. Woodward, Notre Dame: University of Notre Dame

Press, 2001, pp. 7–20.
竹内良知「西田哲学における実践の概念について」、上田閑照編『西田哲学への問い』岩波書店、一九九〇年、一七八—二一〇頁。
Walzer, M., *Just and Unjust Wars: A Moral Argument with Historical Illustrations*, 4th ed. New York: Basic Books, 1997, 2006.
和辻哲郎『風土　人間学的考察』岩波書店、一九七九年。

文献表のルールは次の通りです。
①著者名別に五十音順あるいはアルファベット順で掲載していく。欧文文献がある場合は、和文文献についてもアルファベット順にする。
②苗字を優先。姓が同一の場合は名前の五十音順（あるいはアルファベット順）にする。欧文の場合は、注では Michael Walzer だったものが、Walzer, Michael となります。

ファーストネームはイニシャルだけにすることもよくあります。Walzer, M. というふうに。

③同一著者の場合は刊行の年代順にする。

④一般にはすべての資料を一つにまとめる統一文献表を作成するが、書籍や論文などの種類ごとにまとめる区分文献表を作成してもよい。

⑤引用ページ数は書かなくてよいが、分担編著や論文の場合は、その該当するページの範囲を記載する。

⑥二行目以降を二・五文字（半角英数で五文字）分下げる。

本文中に引用の詳細を書き込む方式について

これまで説明してきた注釈及び参考文献の書き方とは別に、前述（一〇七頁）のように、近年、本文中に引用の詳細を書き込む方式も広がってきています。そこでこのパターンについても簡単に紹介しておきたいと思います。
まず例を見てください。

本文の例

風土によって国民的性格が形成されるという議論は、あたかも『倫理学』における間柄の議論とは次元を異にしているかのように思われる。しかし和辻は、ここで風土と間柄を巧みに結び付けるのである（和辻、一九七九、二〇五頁）。

本文ではこのように著者名と出版年とページだけを入れておいて、論文末尾の文献表で参照箇所を示す形をとるわけです。それが次の一覧です。この一覧の和辻の文献を参照することになります。

参考文献

竹内良知（一九九〇）「西田哲学における実践の概念について」上田閑照編『西田哲学への問い』岩波書店

Walzer, M (2006) *Just and Unjust Wars: A Moral Argument with Historical Illustrations*, 4th ed. New York: Basic Books, 1997, 2006.〔萩原能久監訳（二〇〇八）『正しい戦争と不正な戦争』風行社〕

和辻哲郎（一七九七）『風土　人間学的考察』岩波書店

どうでしょうか、先ほどのオーソドックスな注釈や参考文献のスタイルとは、かなり違って見えるのではないでしょうか。最大の利点は本文中に情報を入れることで、すぐに引用元がわかることと、レポート作成時に注釈を修正するのが容易だという点にあります。

修正するのが容易な理由は、このやり方だと引用に関しては通し番号を振らずに済むからです。オーソドックスなやり方だと、途中で一つ新しい注を加えると、注番号の順番が全部ずれてくるという問題があるのです。

その他注意点としては、二行目以降は二・五文字分下げること、出版年を著者名の直後にカッコ書きで入れること、ページ表記は数字だけにすることなどです。

推敲と校正

レポートや論文が完成したら、推敲（すいこう）をする必要があります。つまり、何度も読んで文章を練り直すのです。その際、誤字脱字などのまちがいもチェックするようにしてください。いわゆる校正です。これは別々にやってもいいですが、同時にやれると時間のセーブになります。

あともう一息だ
頑張れ〜〜〜
ウァ〜〜〜
こりゃ
大変だ〜〜〜
39

一度印刷してみて、文章をブラッシュアップすると同時に、修正のための記号をつけていくといいでしょう。修正漏れを防ぐためにも、赤ペンでやるといいと思います。ここで校正のための一般的な記号を身につけておくと、将来仕事でも使えます。おおよそ校正の記号は全国どこでもどの業界でも共通していますから。一三四―一三五ページに一覧を載せておくので参考にしてください。

誤字脱字があるとかっこ悪いだけでなく、注の記号などが抜けていれば、欠陥論文とさえいわれかねません。ぜひ慎重に複数回チェックすることをお勧めします。

コピペは犯罪!?——知的財産って何?

最近よく剽窃（ひょうせつ）、いわゆるコピペが問題になります。これにはいくつかの理由があります。たとえば、それだけ知的財産にかんする社会の意識が高まっているということ、あるいはそれが簡単に発見できるツールが開発されてきたということ、またそもそも最初にその研究成果を発表した人の労力に対する敬意をはらわないといけないということ、さらには研究コミュニティを維持する必要があるということなどです。

　だから大学では口を酸っぱくして注意喚起を促しているのですが、大学生のコピペは後を絶ちません。それだけ追い込まれているのでしょう。締め切りギリギリになって、出さないよりましと、一か八かに賭けるのだと思います。しかしそれがばれると、他の科目の単位も失うことになるのです。そんなことにならないように、そもそもなぜコピペはいけないのか、本質的なところから考えておく必要があるように思います。

　皆さんが貴重な大学生活を棒に振ることのないようにするためにも、ここで臨時「哲学カフェ」を開催したいと思います。題して「なぜコピペはいけないのか？」です。

　ここでいうコピペは剽窃のことだと思ってください。まず共通認識のために確認しておきますが、剽窃とは一般的に他人の文章を盗んで使うことをいいます。もうこれだけで剽窃がいけないことだというのはわかるでしょう。何しろ人のものを盗むのと同じで、泥棒だからです。

　普通、皆さんは泥棒をしないでしょう。でもなぜか文章は盗んでしまう。しかも簡単

記号	意味	使用例
□□□□□ ○○	修正	その資産によると 試算
□□□□□ トルツメ	削除して詰める	これだけでは トルツメ
□□□□□ トルママ	削除するだけ	人体｜その神秘の世界 トルママ
□□□□□ ○	文字の挿入	そのよにして う
□□ □□ ツメル	詰める	そのよ うにして ツメル
□□□□□ アケル	空ける	解説なぜいま太宰治か アケル

記号	意味	例
□□□□□□	改行	……ことがわかるだろう。これに対して
□□□□□ □□□□□	改行を取り消して、行をつなげる	……ことがわかるだろう。 これに対して次のような
□□□□□	文字を入れ替える	あらたしい
□□□□□ イキ ○○	訂正を取り消す	草食か肉食かがわかる イキ かどうか
□□□□□	一字下げる	これに対して
□□□□□	句読点の挿入	新任の英語教師高瀬は

に。なぜか？　ここがポイントです。人が抵抗なく他者の物を無断で使うのは、相手がそれを認めていると思っているか、それに価値があると思っていないかのいずれかです。

だから人の財布は盗まないのです。財布を無断で使っていいなんていうお人よしはいないでしょうから。また、財布には明らかに価値があります。お金が入っているという前提ですよ。では、文章はどうか？　たとえば、本で表現された文章。

自分に置き換えてみてください。自分が一生懸命考えて、アイデアを本にしたとしましょう。それを誰かが無断で使い、自分のアイデアであるかのようにふるまっているとしたら？　腹が立ちますよね。しかもその人の書いたものにお金が支払われて、自分には入ってこないとしたらどうでしょう？　これはもう自分のお金を盗まれたも同然です。

本やネットに書かれた文章には鍵はかかっていませんが、だからといって無断でもって行っていいものではないのです。本を書いた人は、それを盗んでもらうために公開しているわけでは決してないからです。

価値についてはどうでしょう？　文章の価値とは？　先ほど考えたことと重なります

が、文章には知的な営みの成果として、対価が支払われます。発明品と同じです。これがいわゆる知的財産です。お金という財産と違って知が形になったものですから、知的財産と呼ぶのです。著作権や商標権のことです。したがって、十分に価値があるのです。だから財布を盗むのと同じなのです。

つまり、簡単にコピペをしてしまうのは、文章が人の財布と同じであるという意識がないからにほかなりません。そしてコピペがいけないのは、財布を盗む行為とまったく同じだからです。ここで注意していただきたいのは、まったく同じという点です。

人間は切羽詰まると正常な判断ができなくなるものです。ましてやレポートの提出時期はほかの科目も重なって、睡眠不足に陥っていることでしょう。だからこそ余計に、このことを日ごろから意識しておく必要があるのです。もう一度強調しておきますが、剽窃がバレてその学期の単位が全部ゼロになるとか、留年するとかいう話では済まないのです。あなたは犯罪者になるのです。それぐらいならその単位は落としたほうがましです。失うものがあまりにも大きいからです。

盗んで楽になれよ〜〜
ケケケ
No!!
ブンブン

第4日

具体的な書き方——これが虎の巻！

本章では、レポートや論文の形式ごとに具体的な書き方のポイントを指南していきます。これまでお話しした部分と重なる内容もありますが、時間がない場合にはここだけ見てもらってもいいようにしてあります。それに大事なポイントは何度くり返しても十分すぎることはありません。人間はすぐ忘れますから。

さらに、実際に学生が書いたレポートを例に、具体的にどこをどうすればいいレポートになるのか示していきたいと思います。本章はまさに虎(とら)の巻です。

レポートの書き方――ピリッと伝わる明確な趣旨で勝負

レポートに限っていうと、ピリッとスパイスの利いたものを書くのが最大のポイントです。なぜなら、レポートは分量が少なく、短いからです。文章は短くなればなるほどインパクトを求められます。スローガンやキャッチコピーがその極端な例です。俳句や短歌、詩もそうでしょう。短いので一言一言を丁寧に吟味して言葉を用いるはずです。

これが長い文章になるとそのへんがぼやけてきます。原稿用紙一〇〇枚、四万字ともなれば言葉をつなぐのが精一杯なのではないでしょうか。しかし、レポートはその中間にあります。いや、極端にいうと、俳句や詩に近いといってもいいくらいです。

たかだか二〇〇〇字とか四〇〇〇字だと、あっという間です。実際に書いてみるとわかると思いますが、二〇〇〇字だとほとんど何も書けません。よほど言葉を選んでコンパクトにするつもりでやらないと難しいでしょう。

したがって、ピリッとスパイスの利いたものにする必要があるわけです。導入、本論、結論の構成が明確で、いずれも余分な記述がなく、引用も最小限にする。さらにピリッとした感じを出すために、印象に残るキーワードをうまく使うことが大切です。これは一つで十分です。タイトルかサブタイトルに入っているとなおいいと思います。そのキーワードだけで趣旨が伝わるようなものを選ぶといいでしょう。

さらに、短いということもあるので、リズムよく、最後を印象深く締めることです。まさに詩を書くつもりでやってもらえばいいと思います。もちろんこれはスタイルの話ですから、詩的なものを書けといっているわけではない点には注意してください。

いずれにしても、短くても趣旨が明確に伝わるいいレポートを書くには、常に頭のなかで「ピリッとしたものを」と念じながら原稿に向かうといいと思います。書き始めると、わかってはいても忘れてしまうものだからです。ぜひおまじないのつもりで、時々頭のなかで「ピリッと、ピリッと」と念じてみてください。

小論文の書き方――サラサラと流れるような読みやすさで勝負

小論文はレポートよりも少し長くなります。一般には二〇〇〇字から一万字くらいでしょうか。短いものはレポートとさほど変わりません。そこで、ここではレポートよりも長いものを想定してお話ししていきます。

さすがに一万字も書くとなると、ピリッとというわけにはいきません。それよりも、一万字を一気に止まらずに読んでもらえるものを書くよう心がけるべきでしょう。長くなると読むほうも大変ですから、そこでスムーズに読めるものを書くと、いい印象を与えることができます。

いわばサラサラと流れる小川のような論文です。中身も大事ですが、読みやすさも重視するのがポイントです。そのためには、リズムもさることながら、形式に最大限注意を払ってください。まず、無理がなくわかりやすい構成。ここで奇をてらってはいけません。典型的な構成のほうがいいのです。

そして、段落はこまめに設け、接続詞を多用することです。そのほうが論旨が明確になりますから。私も小論文の採点をすることがありますが、接続詞は読み進めるうえでの目印みたいなものです。

もちろん、抜きんでた文章を書くためにはインパクトを出すことも必要ですが、決してそれが流れを阻害するものであってはいけません。そこのところに留意しながら、インパクトを狙（ねら）ってください。たとえば、これはあくまでテクニックですが、結論のところでインパクトを狙えば、流れには影響しないのでいいと思います。しかも最後の部分は印象に残りやすいですから。

これもレポートと同じでついつい忘れがちなので、時々頭のなかで「サラサラと、サラサラと」と念じてみてくださいね。

論文の書き方――モクモクと自然な膨らませ方で勝負

ここでいう論文は卒業論文のようなものをイメージしてもらえばいいと思います。分量は一万字近くから数万字といった感じです。こうなるともういかに膨らませるかが課題になってきます。そこで一番注意したいのが、不自然な膨らませ方をしてはいけないという点です。

いかにも字数稼ぎに見える記述や引用はご法度(はっと)です。さらに、不自然な付け足しもいけません。あくまでモクモクと雲が膨らむかのような自然な膨らませ方を心がけてください。

そうはいってもピンとこないかもしれません。具体的なやり方を伝授しましょう。これは構成段階からしっかりやらないといけないのですが、たとえば四〇〇字詰め原稿用紙一〇〇枚で四万字だとすると、それを全体ととらえてはいけません。単純に五章くらいに分けるのです。そうすると、一つの章は八〇〇〇字です。つまり原稿用紙でいうと二〇枚です。

これならイメージが湧くのではないでしょうか？　そこでこの二〇枚について何を書くかを考えながら五つの章の構成を立てるのです。一気に四万字の論文はイメージできなくても、分割すればレポートと同じです。

書き慣れたレポートをいくつかくっつけて論文にするのだと思えばいいのです。実際にそうなのです。論文はいくつかのレポートの集まりです。一つひとつの章はほぼ独立しているといっていいでしょう。それを全体のストーリーの中で一つの大きな論文にしていくわけです。

ちなみに、ここで書いたことは、基本的にどんな論文にでも当てはまると思ってもらって結構です。現に私もこれに基づいて修士論文や博士論文を書いてきましたし、今でも学会に論文を投稿する際はこういう方針で臨んでいます。

修士論文や博士論文と聞くと、ものすごく高尚で手に負えないように感じてしまうかもしれませんが、それは研究の期間が長くなる分、内容が詳しくなっていくからにすぎません。誰だって時間をかければ詳しい内容のものが書けます。でも、基本は同じなのです。形式に至ってはまったく同じです。したがって、臆することなく挑戦してください。あえて断言しますが、レポートがきちんと書ければ、博士論文だって書けるのです。

英語論文の書き方――ペラペラの英語力より中身で勝負

英語の論文についてはなかなか触れることができませんでしたが、ようやくその機会がやってきました。私も最近よく書いているのですが、ここでのポイントは、英語力で勝負しないということです。

「え、英語の論文なのになぜ?」と思われるかもしれません。英語がペラペラの人ほどそうなりがちなのですが、ネイティブならまだしも、英語が得意という程度だと、英語で勝負すると、それこそ中身がペラペラになってしまうのです。

冗談のようですが、真剣です。何を隠そう、私自身が最初それで失敗しました。私も多少英語に自信があったので、かっこいい表現やネイティブっぽい論文を書こうと張り切っていたのです。それでネイティブの論文の表現を真似(まね)しながら書いていました。ところが、ある海外の学会誌に投稿した時、審査の段階でかなりの注文がついたのです。そのこと自体はよくあることなのですが、問題はその注文というのが、ほとんど私の真似した英語表現にあったのです。ネイティブの真似をしたはずなのに。後で英語学の教授にも見てもらったのですが、そこだけが浮いているというのです。つまり、取ってつけたような表現ばかりが目立ち、肝心の中身のよさを損なっているというわけです。

考えてみれば、外国人が日本語で一生懸命論文を書いても、やたらこなれた表現が随所に出てくると、かえって目立ちますよね。それと同じなのだと思います。それ以来私は、日本語の論文と同じで、中身重視に方針を転換しました。下手でも自分の言葉で書くようになったのです。もちろんネイティブチェックは入れますが、そのほうが趣旨が伝わるようになったみたいです。ぜひペラペラにこだわって中身がペラペラにならないように注意したいものです。

この虎の巻が目に入らぬか〜〜!!
これが伝説の!!
虎の巻

実際に学生が書いたレポートを使った具体例

これから実際に大学一年生が書いたレポートを、本人の許可をもらって掲載します。そして私がいかに赤ペンを入れたかを見ていただきたいと思います。これによって、どこをどう直せばいいいレポートになるのかがわかると思います。いろいろ理屈を述べてきましたが、百聞は一見に如かずです。実物を見てもらえば、私がこれまで書いてきたことの意味がよりわかると思います。

なお、背伸びをしないという本書の趣旨に鑑み、あえて普通の出来のレポートを選んでいます。一年生が入学直後に二週間の準備で書いたものです。あらかじめ了承いただければと思います。

内容に即してタイトルを絞るとよい。単に「貧困」では広すぎるので。また「私たち」というのがあいまいなので。

世界の

貧困に対する私たちの義務

日本人の

●●大学××学部　一年

山田　太郎

1行アケル

こういうデータはインターネットなどで、できるだけ最新のものを掲載した方がよい

　人類の四八％にあたる約三〇億が深刻な貧困の中に暮らしているという。①　世界の貧困、例えばアフリカやアジアなどの地域に住む、親戚でも友達でもない人々に対し私たちはどれほどの義務を負っているのだろうか。本稿で注目したいのは私たちのような比較的裕福である人々が貧困に対してもつ義務についてである。

日本人

世界の

問題提起を明確にする必要がある

　まずは私たちの貧困に対する考えを述べたいと思う。ピーター・シン

むしろ義務の根拠について論じるとしたほうがよい

ガーは、溺れている子が目の前にいたら自分がかなりの犠牲を払ってでも助けるほうがいいというのは、毎日何千人もの子供が死んでいるのにも関わらず、私たちは当たり前のようになくてもほとんど気づかないような物にお金を使っている、これは間違っていないのであろうかと投げかけている。(2)シンガーの言うように私たちは自分のためにお金を稼ぎ、自分のためにそれを使う。見えない相手に対して大金を寄付するより、日本国内の病気に苦しむ子供にお金を寄付する。私たちがそうすることに対し怒る人は誰もいない、しかし私たちが彼らの貧困に対し義務を負っているとしたら私たちは彼らに対してもお金を寄付する義務があるように思う。

トマス・ポッゲは貧困層の根源的不平等は裕福な私たちが作り出しているという。(一)グローバルな制度的秩序を彼らに押し付けていること、例

のは自明であるにもかかわらず

ても

シンガーの議論とどこが違うのか
わかるように接続詞等工夫すべき

数字ではなく接続詞を使って、段落を分けて論じるとよい。
また、もう少し自分の言葉で、咀嚼して論じるとよい

えば貿易などの交渉の場において主導権を握っているのは先進国であり、軍事的、経済的にも弱い立場の国は不利益な交渉だと分かっていてもあるいは分かってなかったとしても書面にサインをするほかないのだ。二．豊かな人々が世界の資源をあまりに多く使用していること。原油の取引において、購買力のある豊かな国が原油国の富裕層から買うこと、その二つの間で富は分配され貧困層は蚊帳の外に置かれている。三．歴史的積み重ねによる貧困。ポッゲによると現在の貧困は植民地時代に主に形成され、奴隷化、深刻な抑圧、ジェノサイドによりネイティブの制度や文化は破壊され深刻な痛手を負ったという。さらに、そういった犯罪行為に加担した人々の豊かな子孫は犯罪の被害者となった人々の貧しい子孫に対して何らかの特別な回復義務を負っているといっているわけではないがまた、そ

消費税とはなかなかユニークなアイデア

れを否定するわけでもないと述べている。[3]これら一、二、三、四のことにより私たちが得ている利益は大きいように思う。このことから私たちが世界の貧困となにも関係していないということはもはやいえないだろう。

もし仮に私たちの消費税の一%が貧困にあえぐ人のために寄付するという制度ができたとしよう。私がポッゲのいう私たちの貧困への加担に関する文を読んでいなかったとしたらその制度に対し私の道徳的心からしたら賛成できるが、経済的にはその制度に対し賛成はできなかったように思う。しかし、ポッゲの言うように私たちは分配されるべき世界の富を使いすぎているように思える。コンビニやスーパーのレジの横に募金箱があるというありふれた状況は私たちの豊かさを表しているものであり、私たちがもっとも身近でできるボランティア活動である。シンガーのいうように援助が有意義なものに感じないからと言って一円も寄付しないのは多くの子供が飢えたままだとしても一〇人の子供が救えたことを見逃しているように思う。[4]

今回の貧困の学びを通して私が思ったことは貧困問題というのは私たちのようなある程度裕福な人にとっての問題であるように思った。また、貧困層を援助することは自分にとってもプラスな面があるように思う。シンガーは世界で最も貧しい人々を助けるという集団的な努力の一端を担うことにより、自分の人生により大きな意味や達成感をみいだすことができるようになるということ[5]の言葉と共にボランティアすることによる人間の気持ちのもち様について述べている。誰かのために何か無償でしてあげるという行動は自分がどんな人間だったとしても自分という価値を上げ

られ

ならば、依然として

重複表現

の

学びというより、
レポートの結論としてまとめる

表現がカジュ

てくれるもののように思う。また、そういったことを強く感じるには消費税一％分を貧困国へあげることに賛成するのではなく、自らの意思で寄付することが大切であると思う。

注

国際機関等のホームページを参照して最新のデータを入れる

(1) トマス・ポッゲ『なぜ遠くの貧しい人への義務があるのか』生活書院、二〇一〇年、二四頁。
(2) ピーター・シンガー『あなたが救える命』勁草書房、二〇一四年、一四頁。
(3) トマス・ポッゲ『なぜ遠くの貧しい人への義務があるのか』三一〇—三一一頁参照。
(4) ピーター・シンガー『あなたが救える命』、三〇頁。
(5) 前掲書、二二九頁。

ファーストネームは不要

できれば原書も確認したほうがいい

参考文献

勝間靖『テキスト 国際開発論 貧困をなくすミレニアム開発目標へのアプローチ』ミネルヴァ書房、二〇一二年。

サックス、ジェフリー『貧困の終焉 2025年までに世界を変える』鈴木主税・野中邦子訳、早川書房、二〇〇六年。

シンガー、ピーター『あなたが救える命 世界の貧困を終わらせるために今すぐできること』児玉聡・石川涼子訳、勁草書房、二〇一四年。

ポッゲ、トマス『なぜ遠くの貧しい人への義務があるのか 世界的貧困と人権』立岩真也監訳、生活書院、二〇一〇年。

このレポートは、レポートを書く練習として書かせたものなので、分量も短く、また必ずしもテーマにかんして深く考察を加えたものではありません。ただ、二週間ほどの間に、関連する文献を集めて、テーマに即して一定のかたちにまとめた点は評価したいと思います。実際には、ここから何度か書き直しさせています。

詳細は手書きでコメントを入れた通りですが、それらも含めて、いったいどのようにすればよいレポートになるのか、以下お手本を示しておきます。これはまったく同じレポートに私が手を加えて、修正したものです。ここまでかたちを整えることができて、ようやく合格ということになります。

世界の貧困に対する日本人の義務

●●大学××学部一年
山田太郎

世界銀行の統計によると、二〇一三年時点での世界の貧困率は一〇・七%、貧困層の数は七億六八〇〇万人だという[1]。これは、国際貧困ラインを二〇一一年の購買力平価（PPP）に基づき、一日一・九〇ドルと設定した場合の数字だ。つまり、一日二〇〇円以下で生活をしなければならない人たちがこの地球上に一〇人に一人の割合でいるということだ。はたして私たち日本人は、こうした世界の貧困に対してどれほどの義務を負っているのだろうか。本稿ではそのことを明らかにしていきたい。

そもそも私たちの行動のどこに問題があるのだろうか。この点について功利主義の哲学者ピーター・シンガーは、次のようなたとえを用いて説明している。溺れている子が目の前にいたら自分がかなりの犠牲を払っても助けるほうがいいのは自明であるにもかかわらず、毎日何千人もの子供が死んでいても、私たちはなくてもほとんど気づかないような物に当たり前のようにお金を使っている、これは間違っていないのであろうかと。(2)

シンガーの言うように私たちは自分のためにお金を稼ぎ、自分のためにそれを使う。見えない相手に対して大金を寄付するより、日本国内の病気に苦しむ子供にお金を寄付することを優先する。なぜなら、世界の見知らぬ人たちにお金を寄付する義務まであるとは思っていないからだ。

これについてコスモポリタニズムの思想家トマス・ポッゲは、貧困層の根源的不平等は裕福な私たち自身が作り出しているという。たとえばそれは、グローバルな制度的秩序を彼らに押し付けている点である。貿易などの交渉の場において主導権を握っているのは先進国であり、軍事的、経済的にも弱い立場の国は不利益な交渉だと分かっていても、あるいは分からないままに書面にサインをするほかないのだ。

また、豊かな人々が世界の資源をあまりに多く使用していることも挙げられる。原油の取引において、購買力のある豊かな国が産油国の富裕層から買うことで、貧困層は蚊帳の外に置かれてしまう。

さらに、歴史的積み重ねによる貧困が挙げられる。ポッゲによると現在の貧困は植民地時代に主に形成され、奴隷化、深刻な抑圧、ジェノサイドによりネイティブの制度や文化は破壊され深刻な痛手を負ったという。さらに、そういった犯罪行為に加担した人々の豊かな子孫は犯罪の被害者となった人々の貧しい子孫に対して何らかの特別な回復義務を負っているわけではないが、それを否定するわけでもないと述べている。(3)

以上から、私たちも貧しい国の人たちになんらかの義務を負っているといえるのではないだろうか。少なくとも、私たちが世界の貧困となにも関係していないということはもはやいえないように思われる。

　仮に私たちの消費税の一%を貧困にあえぐ人々のために寄付するという制度ができたとしよう。それでももし私が、ポッゲのいう貧困への加担に関する文章を読んでいなかったとしたら、その制度に対し道徳心からは賛成できるが、経済的には賛成できなかったように思う。

　しかし、ポッゲの言うように私たちは分配されるべき世界の富を使いすぎているように思える。コンビニやスーパーのレジの横に募金箱があるというありふれた状況は私たちの豊かさを表しているものであり、私たちがもっとも身近でできるボランティア活動である。シンガーのいうように、援助が有意義なものに感じられないからと言って一円も寄付しないならば、依然として多くの子供が飢えたままだとしても、少なくとも一〇人の子供が救えた、ということを見逃しているように感じられるのだ。(4)

結局、貧困問題というのは、実はある程度裕福な人間にとっての問題のようだ。また、貧困層を援助することは自分にとってもプラスな面があるように思う。シンガーは世界で最も貧しい人々を助けるという集団的な努力の一端を担うことにより、自分の人生により大きな意味や達成感をみいだすことができるようになるという[5]。

誰かのために無償で何かをするという行動は、自分がどんな人間であったとしても自分の価値を上げてくれるもののように思う。また、そのためには、自らの意思で寄付することが大切であると思う。

注

(1) 世界銀行「世界の貧困に関するデータ」 http://www.worldbank.org/ja/news/feature/2014/01/08/open-data-poverty (二〇一八年五月三一日二二時一五分アクセス)

(2) ピーター・シンガー『あなたが救える命』勁草書房、二〇一四年、一四頁。

(3) トマス・ポッゲ『なぜ遠くの貧しい人への義務があるのか』生活書院、二〇一〇年、三一〇―三三一頁参照。

（4）シンガー『あなたが救える命』、三〇頁。
（5）前掲書、二三九頁。

参考文献

勝間靖『テキスト 国際開発論　貧困をなくすミレニアム開発目標へのアプローチ』ミネルヴァ書房、二〇一二年。

サックス、ジェフリー『貧困の終焉　2025年までに世界を変える』鈴木主税・野中邦子訳、早川書房、二〇〇六年。

シンガー、ピーター『あなたが救える命　世界の貧困を終わらせるために今すぐできること』児玉聡・石川涼子訳、勁草書房、二〇一四年。

ポッゲ、トマス『なぜ遠くの貧しい人への義務があるのか　世界的貧困と人権』立岩真也監訳、生活書院、二〇一〇年。

「世界の貧困に関するデータ」http://www.worldbank.org/ja/news/feature/2014/01/08/open-data-poverty（二〇一八年五月三一日二二時一五分アクセス）

よし
合格!!
ついに
やったわ
レポート

第5日

よりよいものを書くための方法——ここまでできればバッチリ！

情報の探し方

よりよいレポートや論文を書くためには、よりよい情報を入手する必要があります。決してそれは必要十分条件ではありませんが、必要条件であることはまちがいないでしょう。そこで本章では、本や情報の探し方、また正しいインターネットの使い方についてお話ししていきたいと思います。

文献に使う本の探し方

はじめに文献に使うための本の探し方についてです。まず図書館に行きます。そして蔵書検索（ＯＰＡＣ）を活用します。テーマに関係していそうなコーナーに行って、直接書架を漁るのもいいですが、図書館の本の多くは書庫にあるので、それでは本当に必要な本に出くわすことはありません。だから検索したほうがいいのです。

その際、テーマになっているキーワードを入力するのですが、ここで多くの人が最初のミスをおかします。たとえば、「イスラーム」について書きなさいといわれたとき、たんに「イスラーム」と入れるだけではだめなのです。イスラームの何について書くか決めて、そっちのキーワードでも探す必要があるのです。イスラームとテロの関係について論じたいのなら、「テロ」でも探す必要があるということです。

次に、一覧からテーマに近いものを数冊選びます。テーマにもよりますが、できるだけ新しいものを選んだほうがいいでしょう。そして、実際に数冊手にとってみて、今度はそれが本当にいい文献かどうか吟味します。

もちろん読んでみないとわからないのですが、その時間はないでしょうから、形式的に審査します。ポイントは二つです。①学術的なものかどうか、②その本でしか得られない情報なのかどうかです。

①については、誰が書いているか、どこの出版社から出ているかでだいたいわかります。簡単にいうと、大学教授などの研究者が書いていれば、ある程度信頼がおけると考えてよいでしょう。絶対といえないのが残念なところですが。形式の面からいうと、注

がしっかりとつけられているか、きちんとした文献表がついているかどうかで確認すればいいでしょう。

出版社については固有名は挙げませんが、いかにも堅そうで、他に学術的な本をたくさん出していれば大丈夫でしょう。

②については、たとえばジャーナリストが書いたルポルタージュや誰かの体験記であれば、その本でしか得られない情報が書かれているでしょうから、使う価値があるということです。

こうして数冊手堅いものを手に入れたら、次はその本に掲載されている参考文献を頼りに、関連する書籍を探すことになります。そこにはキーワードではひっかからなかったようなもので、かつテーマに関係のある本が載っているはずです。参考文献の名称だけからはわからなくても、なかをめくってみればわかってくるでしょう。

何冊集めればいいかは一概にはいえませんが、通常のレポートであれば一桁で十分だと思います。もっと具体的にいうと、三冊から八冊くらいまででしょう。一つの授業で二週間ほどかけて二〇〇〇字書く程度なら、それ以上はいらないと思います。論文、ましてや卒業論文ともなれば話は別ですが。

正しいインターネットの使い方と論文の探し方

インターネットの使い方にはいくつかの方法があります。目的といったほうがいいかもしれません。つまり、どんな情報を得るかということです。大まかにいうと、①図書検索、②論文検索、③一般的な情報検索の三つでしょう。

①図書検索とは、ネット上で図書館にアクセスして、図書を探すということです。図書館に限りません。いまやあらゆる機関がネット上につながっていますから、国内外問わず、自分の端末から必要な図書を探し求めることができるのです。古本も探せますから、場合によっては取り寄せる費用を支払うより、購入したほうが安くつくこともあります。

②論文検索とは、ネット上で論文のデータベースにアクセスして、論文を探すということです。レポートや論文を書く場合、図書だけでなく学術論文を参照したり引用するとレベルが高くなります。ぜひ挑戦してもらいたいと思います。ここでは主なデータベースを二つ紹介しておきます。まず国立情報学研究所のデータベースCiNii（http://ci.nii.ac.jp/）です。サイニィと読みます。CiNiiで検索した論文は、ほとんどがダウンロードが可能です。ダウンロードできなくても、どこにあるかがわかるので、入手する手掛かりになります。

もう一つは国立国会図書館のNDL ONLINE（国立国会図書館蔵書検索・申込オンラインサービス）です。国内で出版物になっているものであれば、必ず国立国会図書館にあります。そういう仕組みになっているのです。ただ、資料の存在は確かめられてもダウンロードはできません。もちろん直接、国会図書館で閲覧することもできます（ただし、閲覧可能な資料かどうか、事前に確認しましょう）。コピーを郵送してもらうことも可能ですが、高くつきます。自治体の図書館を通じて、国会図書館から借りるというサービスもあります。ただし、時間がかかります。したがって、欲しい資料が見つかったら、まずはそれがほかの図書館等にないか探してみるのがいいと思います。

あとは、各都道府県に、域内の図書館の横断検索サービスがあります。私の住んでいる山口県だとこちらのサイトになります。

https://library.pref.yamaguchi.lg.jp/wo/cross/

東京都だとこちらのサイトです。

http://ufinity01.jp.fujitsu.com/metro/

③一般的な情報検索については、政府機関や国際機関のホームページ、あるいは統計資料などを活用する場合に利用します。ニュースの記事もデジタルになっているので、アクセス可能です。よくウィキペディアを情報源として挙げる学生がいますが、これは誰でも書き込めるものであり、必ずしも正確な情報とはいえないので、レポートや論文

の情報源としては適切ではないでしょう。

同様に他人のブログ記事などは、いくら研究者が書いているものだとしても、第三者によるチェックが入っていないので、好ましいとはいえないでしょう。どうしてもそれが必要で、それしかないという場合に限ったほうがいいと思います。

書くための本の読み方

いまは完全にネットの時代になっていますが、それでもレポートを書くための情報は、まだまだ本から入手するのが基本です。先ほども触れましたが、本の情報はそれだけ信頼性が高いからです。ということで、ここでは情報源としての本の読み方についてお話ししておきたいと思います。

レポートに限らず、じつは私はかねてからアウトプット読書法を提唱しています。つまり、書くために読む方法です。本は純粋に楽しむために読むのもいいのですが、私はせっかく時間をかけて読むのだから、その知識を何かに使えるようにするのが効率がいいと思っています。ですから、評論やノンフィクションはもちろん、小説でさえも、後でその知識を使うことを意識して読んでいるのです。これがアウトプット読書術です。

ましてやレポートを書くために読むのなら、なおさらアウトプットを意識する必要があります。具体的には、①ターゲットを絞った「お買い物読み」と、②どこを使うか加工しながら読む「下ごしらえ読み」をすることになります。レポートを書くというのは、料理をするようなものです。そして本は材料を調達するスーパーマーケットのようなものです。

したがって、本のなかから材料を探すのは、その日使う食材を探すお買い物だと思えばいいでしょう。たとえばスーパーで買い物をするときに、入口から入ってレジに至るまで、最初から最後まで全商品をくまなく見て回ることはありませんよね。欲しい材料にあたりをつけて探して回るはずです。たとえば、カレーを作るなら、お肉とジャガイモと人参と玉ねぎを探そうという感じになるはずです。お肉を買う時はまず精肉コーナーに行く。そして何肉をどれくらい買おうか吟味するわけです。

これと同じで、本を読む際、必要な情報にあたりをつけて、それがありそうなところを重点的に探すのがコツです。そうしないと、多くの本にあたることができません。最初から最後までじっくり読んでいたら、締め切りまでに一冊の本も読み終わらないでしょう。目的はあくまでレポートを書くことですから、そのために必要な情報の取り方をしなければなりません。したがって、本から情報を得るのであれば、目次や索引を利用して関連していそうな箇所を重点的に読むのです。あるいはまずざっと見て、あたりをつけるのでもいいでしょう。

一つのレポートを書く際、仮に二〇〇〇字程度のものであったとしても、五、六冊の参考文献に目を通すのが普通です。しかも専門書がほとんどです。それを一週間ほどの間にやらないといけないわけですから、いくら早く読んでも一日一冊です。しかも、そのレポートに充(あ)てられる時間は、一日二時間が関の山でしょう。となると二時間で専門書一冊に目を通さなければならないわけです。これはもうターゲットを絞らないことには、どうしようもありません。

そうしてターゲットを絞ったら、次は加工しながら読む下ごしらえ読みです。料理の下ごしらえと同じで、読む際にあらかじめ下ごしらえしておくのです。すると、実際に各段階で楽に料理することができます。つまり、自分の本やコピーなら、線を引いたり、メモを書き込んだりしておくわけです。

たいてい、複数の本の複数の箇所を参照したり引用したりします。それに準備段階では使うかどうかわからないところもチェックしておく必要があるでしょう。そうなるとかなりの箇所をマークしておくことになりますが、いざ書く段階になるとどう使うつもりだったかもう忘れているのです。

そんなことにならないように、どこをどう使うか明確にしておくということです。そうでないとまた読み返すという無駄が生じてしまいます。自分の本でない場合は、使う箇所をコピーすることをお勧めします。付箋(ふせん)を貼って書き込んだり、ノートにメモしたりというのもいいのですが、またいずれ使う可能性もありますから、コピーをとっておくのが一番です(ただし、著作権法上、本の全文をコピーすることは基本的に禁じられてい

ますので、十分に注意しましょう)。

もしソツロンでも使うなと思ったら、いっそ購入するのも手だと思います。本は投資だと思います。とくに名著と呼ばれるものや、古典などは一生手元に置いておいて、ことあるごとに読み直すといいでしょう。実際に私も学生時代にレポート作成のために購入した名著を、いまなお手に取ることがあります。古典はそれだけ時代を超えて話題になるものなのです。

このように、レポートを書くための読書は、レポート作成という創造のためにやっているわけですから、それ自体創造的な営みにするべきだと思うのです。いわば創造的読書が必要だと思います。たんに受動的に情報を受け取るだけの読書から、それをどう使うか考え、実際に下ごしらえまでしておく創造的読書。ぜひそんな習慣を身につけていただきたいと思います。そういう目で本をとらえるようになれば、本は創造のための宝庫に見えてくるはずです。

なにより、レポートを書くために読むはずの読書が、急にクリエイティブで楽しい作業になってきます。自分で加工した情報は、自分の血肉にもなります。楽しいうえに自分の知識にもなるという意味で、一石二鳥、いやレポートに役立つのだから一石三鳥です。

アイデアの出し方

本を読めば何をどう書くかわかるわけですが、そもそもどうストーリーを構成したらいいかわからないという声をよく耳にします。テーマは決まっているし、どの本や論文を読めばいいかもわかったのだけれども、それらをどう構成していくべきかわからないというのです。

ここで求められるのは、アイデアです。構想力といってもいいでしょう。料理を考えてもらえばわかると思うのですが、いくら南国風の料理をつくるとテーマが決まっていても、そして材料を買いそろえていても、いったい何をつくるのかは別の話です。アイデアがないといけません。もちろんレシピがあって、そのままつくるだけならいいですが、レポートや論文はそういうわけにはいかないでしょう。

あたかもオリジナルの料理をつくるのと同じように、レシピがない状態で自分でアイデアを出さなければならないのです。さて、どうするか。ここは料理もレポートも同じだと思うのですが、いくら材料とにらめっこをしていてもアイデアは浮かんでこないものです。

むしろ別のことに目を向けたほうがいいでしょう。そこからヒントを得るのです。なんでもいいのです。手当たり次第に無関係な情報を目にする。そうすると、アンテナを張った状態なので、何かが引っかかる可能性が高くなります。普段ボケっとテレビや雑誌を見ていてもそんなことは起こりません。アンテナを張っているから引っかかるのです。

たとえば環境問題にかんして何かいいアイデアはないかとアンテナを張っていると、ニュースを見ていたときにふとした世界の映像がヒントになったり、道を歩いている際、何か身近な環境問題に気づいたりするものです。ボケっとテレビを見たり、道を歩いたりしているだけでは、そうした発見はありません。通学中の電車でさえ、つり革広告がアイデアの宝庫になったりすることがあります。これは私自身がいつも実践している方法です。ぜひ試してみてください。あるいは、五八ページにあげたブレインストーミングの方法も有効です。自由にアイデアを書き出してみてください。

本質のとらえ方

最後に内容にかんするアドバイスを一つだけしておきたいと思います。この本はレポートや論文の形式を整えるためのマニュアルですから、あえて中身の話はしてきませんでした。いや、厳密にいうと、これからするお話も具体的な中身の話ではないのですが、どちらかというとこれまでの話よりは中身にかかわるものです。

それは本質をとらえて書くということです。何度か言及してきましたが、私の専門は哲学です。最後に哲学者ならではのとっておきのアドバイスをしておきたいと思います。

その前に、そもそも哲学とは何か？　一言でいうと、それは物事の本質を探究することです。物事の一番基礎にある部分、核となる部分をつかむことだといってもいいでしょう。もっというと、物事の正体を暴く営みです。たとえば、「自由」について哲学をするということは、自由の一番基礎にある部分を探ることを意味するわけです。

なぜそのようなことをするかというと、物事を深く理解するためです。社会の問題を考えるときも、深く理解せずに答えを出してしまうと、まちがいをおかしやすくなります。エネルギー政策について考えるなら、「エネルギーとは何か？」という問いから始めなければならないのです。でも、時間がないからか、わかっているつもりなのか、実際にはそんなところから議論することはありません。その結果、まちがいをおかす可能性が高まってしまうのです。

レポートや論文も同じです。テーマとなっている事柄の本質にまでさかのぼって考察しないと、深く理解したとはいえません。それこそエネルギー政策について書くなら、まずは「エネルギーとは何か？」と哲学をしてもらいたいのです。短い時間でもいいと思います。でも、これをやるのとやらないのとでは論述の深さに差が生じることはまちがいないでしょう。

これからはますます簡単には答えの出ない問題、あるいは社会自体がまだ解答を持ち得ていない問題についてレポートや論文を書く機会が増えると思います。そんなときこそ、哲学することで本質にさかのぼってみてください。きっと糸口が見えてくるはずです。

最後におまけではないですが、レポートのモデルを載せておきます。これは私が書いたものです。大学生が二週間ほどで書くレポートなら、これくらい文献を読み込んで、かつ形式を整えることができれば、もういうことはないでしょう。ぜひこのレベルを目指していただきたいと思います。もちろんもっとレベルの高いものが書ければ、それに越したことはありません。このレポートのテーマは「監視社会」です。

超監視社会をどう生きるか

●●大学××学部一年
山田太郎

今、街中に監視カメラがあふれている。そのおかげで、犯罪が起こると、すぐに犯人の姿が公開される。それはいいことなのだが、反面私たちのプライバシーが脅かされているともいえる。またインターネット上では、国家や大企業が個人のあらゆる情報にアクセスできるともいう。そこで本稿では、現代の超監視社会ともいうべき現象について考察を加えていく。

監視社会の問題を考えるうえでまず理解しておかなければならないのは、パノプティコンの概念である。もともとこれは、イギリスの功利主義の思想家ジェレミー・ベンサムが考案した刑務所のアイデアのことで、「一望監視装置」などと訳される。これをフランスの思想家ミシェル・フーコーが、近代社会にはびこる権力による監視を暴露するために用いて有名になった。フーコーは『監獄の誕生』の中で次のようにいっている。

〈一望監視装置〉は、見る＝見られるという一対の事態を切離す機械仕掛であって、その円周状の建物の内部の人は完全に見られるが、けっして見るわけにはいかず、中央部の塔のなかからは人はいっさいを見るが、けっして見られはしないのである。(1)

つまり、パノプティコンの中央には監視塔があり、その周囲に円環状に独房が配置されている。ここに工夫がされていて、監視塔から独房は見えるけれども、独房の側からは何も見えないようになっているのだ。こうして、監視塔にいる看守はすべての囚人の動きを見られるのに対し、独房にいる囚人には看守が何をしているかわからないという状況が作り出される。

だから囚人たちは、実際には看守が見ていないとしても、常時規律を守って生活するようになるのだ。監視されているという可能性を囚人が常に意識し、自動的に従順な「従属する主体」となるわけだ。権力は囚人自身の手によって深く内面化されていく。

さらにフーコーは、パノプティコンの原理に見られる規律・訓練権力の作用が、単に監獄という制度に局限されるものではなくて、近代社会の隅々まで及んでいると考える。国家はもちろんのこと、学校、工場、仕事場、病院、軍隊などの人が集まって何かをする場すべてに。

これに対して、現代社会になるにつれ、個人の権利は向上し、今や私たちは「ビッグ・ブラザー」(2)に監視されるだけの従属する主体ではなくなっていった。とりわけ先進国では、資本主義の発達が消費社会をもたらし、ある意味で従属を嫌う個人を生み出していったように思われる。少なくとも私はそのような印象を抱いていた。だから監視社会はもう過去のものになったと思い込んでいたのだ。

ところが現実は違っていた。テクノロジーが新たな監視社会を生み出していたのである。私たちの知らない間に。だから気づかなかったのだろう。それは超監視社会とも呼ぶべき事態にほかならない。現に、コンピューター・セキュリティの権威ブルース・シュナイアーは、すでに私たちが大量監視の下に置かれていることを鋭く指摘している。(3)

シュナイアーは、企業もまた、ネット上で私たちが何かにアクセスするたび、そのデータを蓄積していくというのである。たしかにアマゾンは誰よりも私が欲しい本を知っているし、Facebook は誰よりも私の交友関係を知っている。グーグルは私の性格を私以上に知っていることだろう。この大量監視こそ、超監視社会の本質なのだ。

しかし、誰かが自分も知らないようなすべての情報を持つとき、いったいどんな問題が起こるだろうか。おそらく私たちは、常にびくびくして生きていかなければならなくなるのではないだろうか。まるでお化けを怖がる子どものように。

テクノロジーはもはや止められない。とするならば、私たちに残されているのは、監視を気にせず生きるという選択肢だけなのかもしれない。最近の若者の行動の中には、そのような選択をしているとしか思えないものが多々ある。ＳＮＳで積極的にプライバシーをさらけ出すその姿は、あたかも超監視社会を嘲笑（あざわら）っているかのようにも見えるのだ。そういえば、子どもの頃お化けを怖がっていると、親からよくこういわれたものだ。お化けは怖がらなければ、向こうのほうから逃げていくと。超監視社会にも当てはまるのかもしれない。

注

（1）ミシェル・フーコー『監獄の誕生』田村俶訳、新潮社、一九七七年、二〇四頁。

（2）ビッグ・ブラザーとは、ジョージ・オーウェルの小説『一九八四年』に登場する架空の人物で、国民を監視する象徴的な存在として描かれている。

（3）ブルース・シュナイアー『超監視社会』池村千秋訳、草思社、二〇一六年、四〇頁。

参考文献

オーウェル、ジョージ『一九八四年』〔新訳版〕（ハヤカワepi文庫）高橋和久訳、早川書房、二〇〇九年。

シュナイアー、ブルース『超監視社会　私たちのデータはどこまで見られているのか？』池村千秋訳、草思社、二〇一六年。

フーコー、ミシェル『監獄の誕生　監視と処罰』田村俶訳、新潮社、一九七七年。

ライアン、デイヴィッド『スノーデン・ショック　民主主義にひそむ監視の脅威』田島泰彦・大塚一美・新津久美子訳、岩波書店、二〇一六年。

おわりに

課題解決型授業とレポート

いま教育界には大きな変化が起きています。大学入試改革にも見られるように、より思考を重視した教育が求められているのです。つまりそれは、より思考のできる人材が社会に必要とされていることを意味します。

かつては、与えられたものをどう正確にアウトプットできるかに重きが置かれていたように思います。私もそういう教育を受けてきた一人なのですが、必然的に暗記中心の勉強をすることになりました。ところが、先の見えない時代に対応するために、いま自ら考え、行動することのできる人材が望まれているのです。

そこで、そうした人材を育てるのに最善の教育方法として、課題解決型の授業を導入する大学が増えています。私の勤務する山口大学国際総合科学部は、まさにそうした教育のトップランナーとなるべく、本格的なＰＢＬ（Project-based Learning）を導入し、一年次から四年次まで一貫して課題解決能力を養っています。

とはいえ、そのような授業が主体になってきたとしても、レポートや論文の書き方が変わるわけではありません。いや、授業によっては、仕事の報告書のような形式でレポートを書くことが求められるかもしれません。しかし、それでも本質は同じです。

基本さえできていれば、恐れることは何もありません。多少アレンジすればいいだけです。したがって、本書に書いた最低限のことを頭に入れておけば、問題はないと思ってもらって結構です。現にこれまでも教育はさまざまな形で変遷を遂げていますが、レポートや論文の書き方はほとんど変わっていません。この手のマニュアル本に、随分昔からのロングセラーが多いのはそのためです。本書も皆さんに長く愛していただけることを願っています。

さて、本書を執筆するにあたっては、多くの方にお世話になりました。とりわけ構想の段階から校正に至るまで、粘り強くサポートいただいた筑摩書房の平野洋子さんにはこの場を借りてお礼申し上げます。そして何より、自分たちのレポートをサンプルにすることを快諾してくれた一年のゼミ生のみんなに感謝します。

二〇一八年八月まだ残暑が厳しい日に

小川仁志

参考文献

上村妙子・大井恭子『英語論文・レポートの書き方』研究社、二〇〇四年。

小笠原喜康『新版 大学生のためのレポート・論文術』(講談社現代新書) 講談社、二〇〇九年。

河野哲也『レポート・論文の書き方入門 第3版』慶應義塾大学出版会、二〇〇二年。

佐藤望編著『アカデミック・スキルズ 大学生のための知的技法入門 第2版』慶應義塾大学出版会、二〇一二年。

戸田山和久『新版 論文の教室 レポートから卒論まで』(NHKブックス) NHK出版、二〇一二年。

トゥラビアン、ケイト・L『シカゴ・スタイル 研究論文執筆マニュアル』沼口隆・沼口好雄訳、慶應義塾大学出版会、二〇一二年。

花井等・若松篤『論文の書き方マニュアル 新版』有斐閣、二〇一四年。

吉田健正『大学生と大学院生のためのレポート・論文の書き方』ナカニシヤ出版、一九九七年。

chikuma primer shinsho

ちくまプリマー新書 311

5日で学べて一生使える！ レポート・論文の教科書

二〇一八年十一月 十 日 初版第一刷発行
二〇二四年 五 月二十五日 初版第四刷発行

著者 小川仁志（おがわ・ひとし）

装幀 クラフト・エヴィング商會

発行者 喜入冬子

発行所 株式会社筑摩書房
東京都台東区蔵前二－五－三 〒一一一－八七五五
電話番号〇三－五六八七－二六〇一（代表）

印刷・製本 株式会社精興社

ISBN978-4-480-68335-9 C0295 Printed in Japan